O Cavaquinho

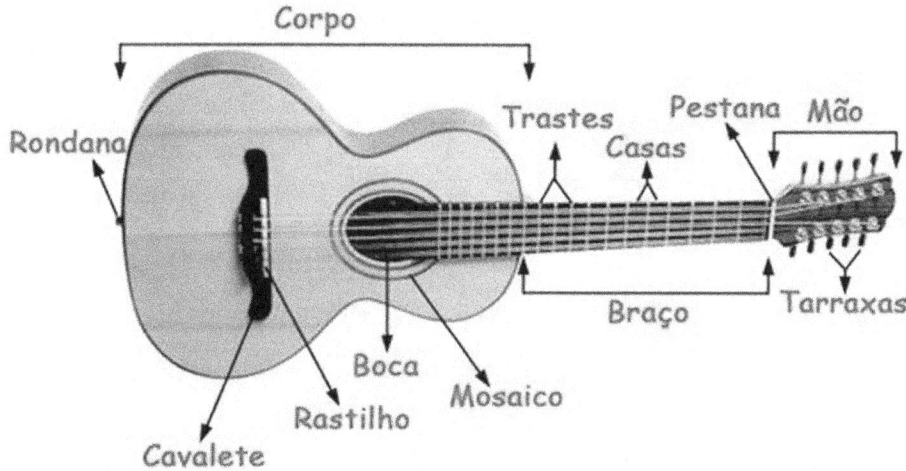

Fundamentos Básicos

Dedos das Mãos

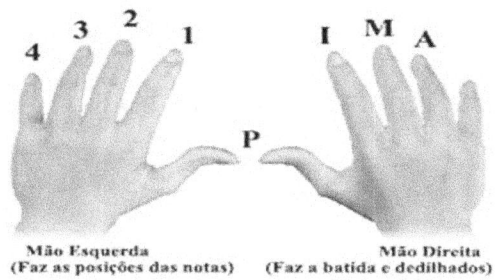

Para facilitar à escrita e leitura das notas ou acordes usamos as cifras (letras do alfabeto). A cifra é um sistema de escrita musical conhecido e usado pelos músicos em todo o mundo.

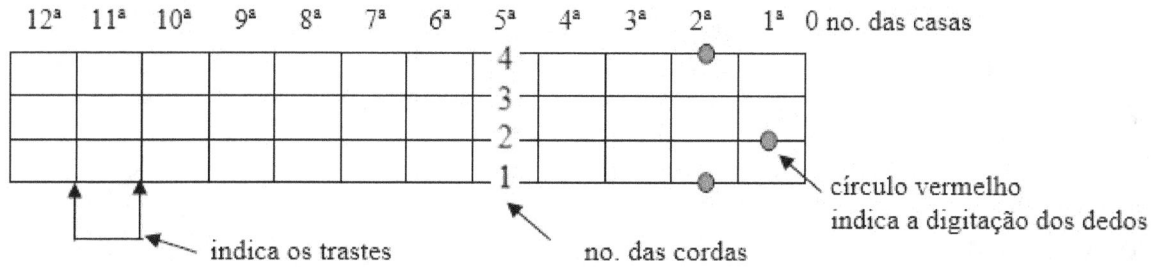

As casas são os espaços entre dois trastes
Trastes são os ferrinhos encravados paralelamente no braço do instrumento.

Na representação do braço do cavaquinho as cordas são contadas de baixo (mais fina) para cima (mais grossa)

Corda	1ª	2ª	3ª	4ª
Nota	Re	Si	Sol	Re

Cifras

No decorrer do curso adotaremos o sistema de cifras.

Cifra é um sistema de escrita musical usado para indicar através de letras as notas e os acordes.
As cifras são utilizadas principalmente na música popular.

Através das cifras podemos estudar música com grande facilidade, já que substituímos o uso de notas em partitura pelas cifras, fica muito mais claro e fácil o entendimento musical.

O sistema de cifras é muito fácil de aprender. Consiste na representação das notas musicai ou acorde por letras do alfabeto.

As sete (7) notas musicais e respectivas cifras

Dó	Ré	Mi	Fá	Sol	Lá	Si	Notas
C	D	E	F	G	A	B	Cifras

A cifra pode vir acompanhada de sinais ou números.

Exemplos:

C   = dó maior
Cm   = dó menor
C-   = dó menor
C7   = dó com sétima
Cm7/9 = dó menor com sétima e nona
Cº   = dó diminuto
Cdim   = dó diminuto
Cº7   = dó diminuto

C7dim = dó diminuto

C7/9b = dó com sétima e nona menor

C7M   = dó com sétima maior

Cmaj7 = dó com sétima maior

C+   = dó aumentado (acorde triádico)

Caum = dó aumentado

C7/9+ = dó com sétima e nona aumentado

Acordes Maiores

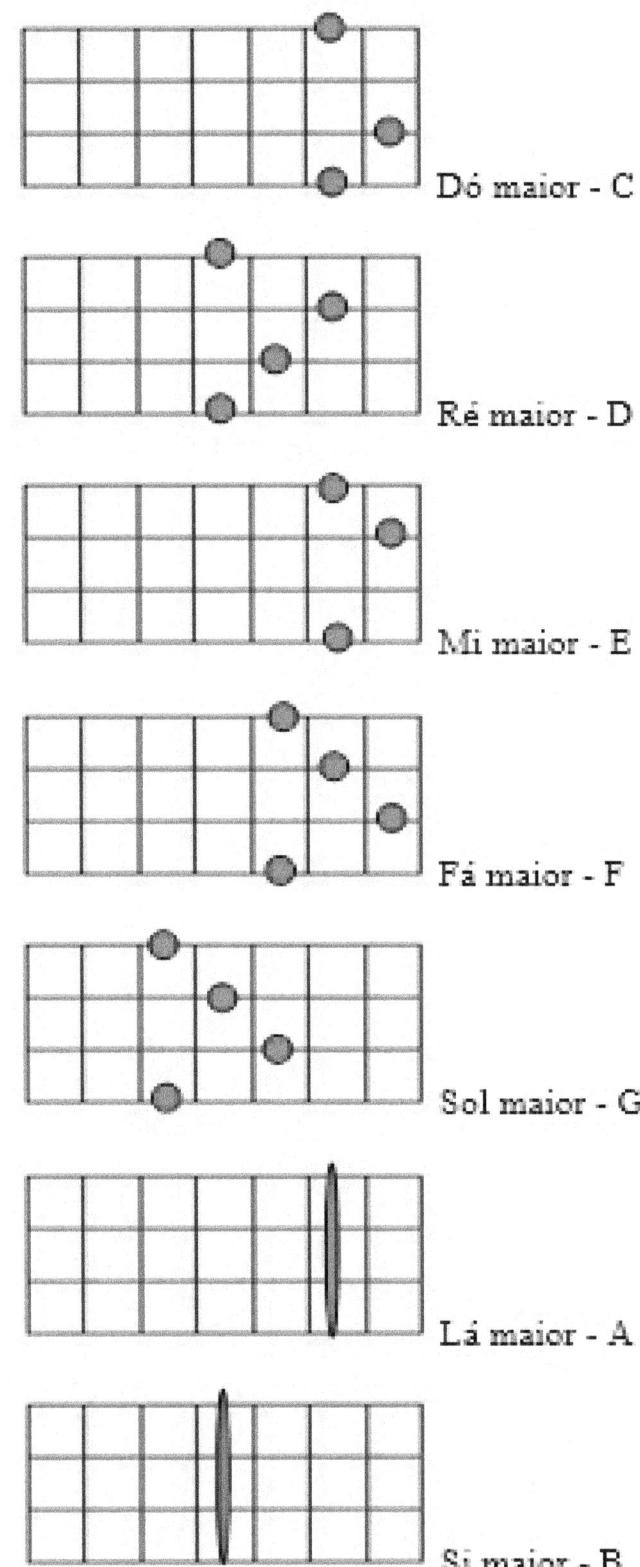

Dó maior - C

Ré maior - D

Mi maior - E

Fá maior - F

Sol maior - G

Lá maior - A

Si maior - B

Progressões Básicas – I

Progressões básicas para treino de acordes maiores
Toque cada progressão de acordes várias vezes até conseguir trocar de um acorde para outro com facilidade.

1)- ‖   D | A | G   ‖

2)- ‖   G | D | C   ‖

3)- ‖   E | B | A   ‖

4)- ‖   C | G | F   ‖

5)- ‖   A | E | D   ‖

6)- ‖   F | D | G | C   ‖

7)- ‖   G | B | E | D   ‖

8)- ‖   C | A | D | G   ‖

Tocar 4 batidas p/ cada acorde

Batida

↓   ↓   ↓   ↓

1   2   3   4

Movimento da palheta para baixo.

Acordes Menores

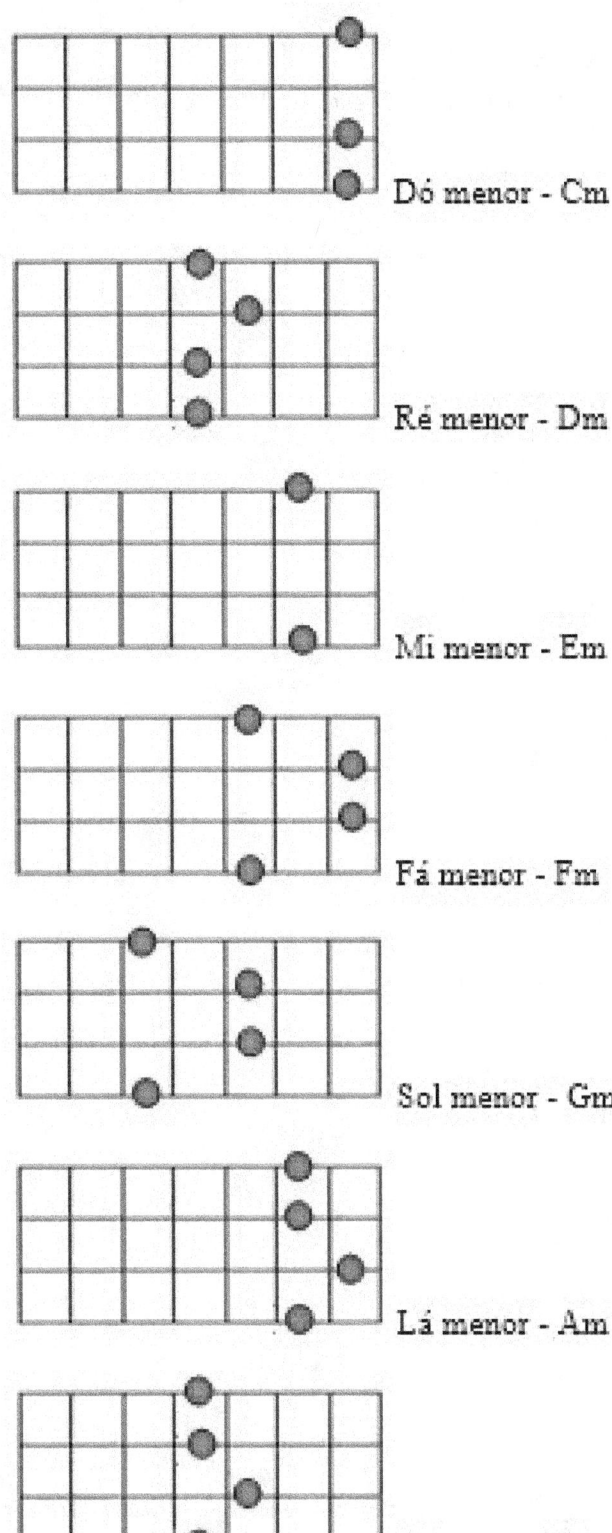

Dó menor - Cm

Ré menor - Dm

Mi menor - Em

Fá menor - Fm

Sol menor - Gm

Lá menor - Am

Si menor - Bm

Progressões Básicas – II

Progressões básicas para treino de acordes menores
Toque cada progressão de acordes várias vezes até conseguir trocar de um acorde para outro com facilidade.

1)- ‖   Dm | Gm | A   ‖

2)- ‖   Gm | Cm | D   ‖

3)- ‖   Em | Am | B   ‖

4)- ‖   Cm | Fm | G   ‖

5)- ‖   Am | Dm | E   ‖

6)- ‖   F | Dm | Gm | C   ‖

7)- ‖   G | Bm | Em | D   ‖

8)- ‖   C | Am | Dm | G   ‖

Batida

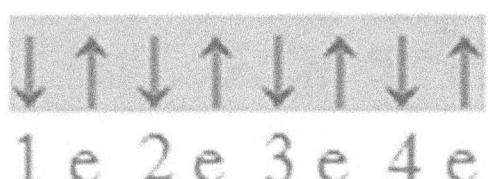

Movimento da palheta para baixo e para cima.

Acordes Maiores Com Sétima

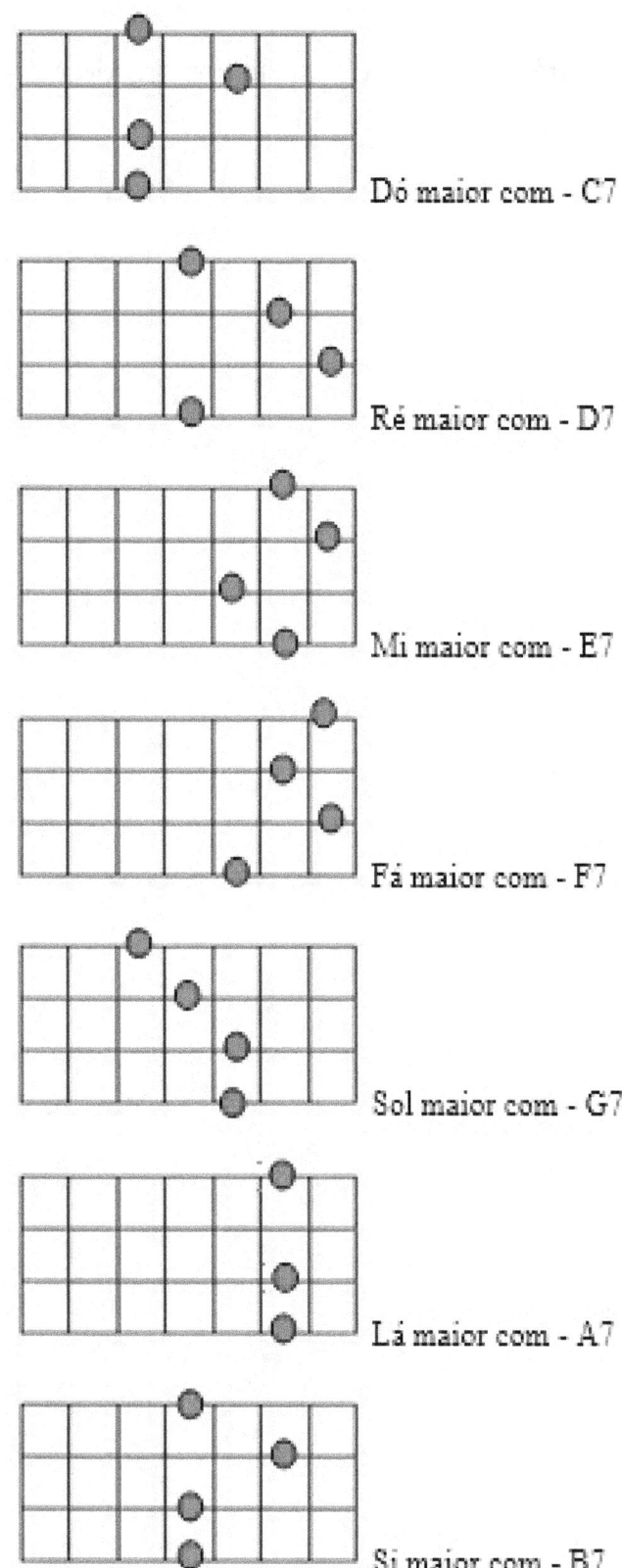

Dó maior com - C7

Ré maior com - D7

Mi maior com - E7

Fá maior com - F7

Sol maior com - G7

Lá maior com - A7

Si maior com - B7

Progressões Básicas – III

Progressões básicas para treino de acordes maiores com sétima
Toque cada progressão de acordes várias vezes até conseguir trocar de um acorde para outro com facilidade.

1)- ‖   D | B7 | Em | A7   ‖

2)- ‖   G | E7 | Am | D7   ‖

3)- ‖   C | A7 | Dm | G7   ‖

4)- ‖   C | C7 | F | Fm   ‖

5)- ‖   F7 | D7 | Gm | C7   ‖

6)- ‖ B7 | E7 | A7 | D7 | G7 | C7 | F7 ‖

Batida

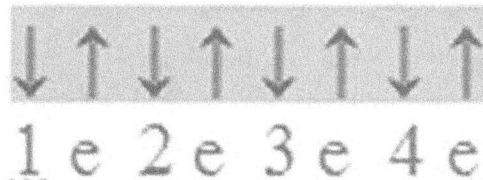

↓ ↑ ↓ ↑ ↓ ↑ ↓ ↑
1 e 2 e 3 e 4 e

Movimento da palheta para baixo e para cima.

Técnica de Rítmica com Palheta Para Mão Direita

Objetivo desses exercícios é o desenvolvimento do balanço (swing) do samba.
Comece treinando num andamento lento. Só toque mais rápido quando a coordenação e movimento das batidas estiver correto, e sentido os movimentos leves.

X = Abafar as cordas com os dedos da mão esquerda sobre o quinto traste.
5 = número cinco - as cordas deverão ser pressionadas na casa cinco para que as cordas (notas) possam soar.

Para uma boa coordenação comece a bater o pé seguindo mais ou menos um segundo. Então teremos dois movimentos um quando o pé atinge o chão e outro quando o pé retorna para cima.
Quando o pé descer na contagem um, palhetada para baixo
Quando o pé subir na contagem dois, palhetada para cima
Um pouco de treino será necessário.

Faça a contagem

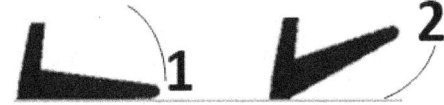

⊓ movimento da palhetada para baixo
V movimento da palhetada para cima

1)

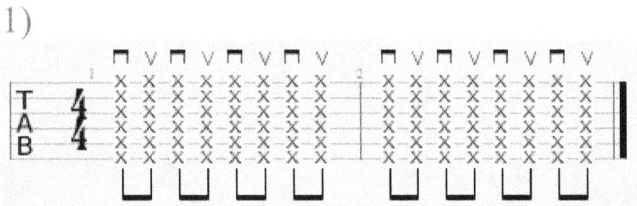

2)

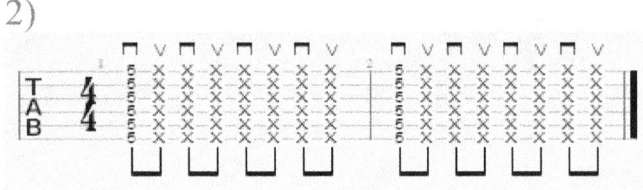

3)

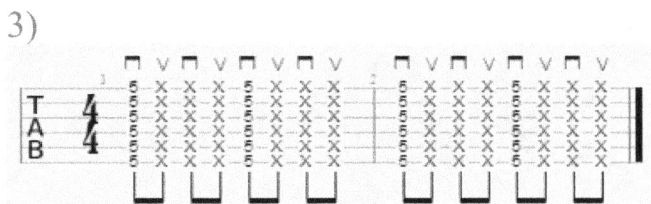

4)

5)

6)

7)

8)

9)

10)

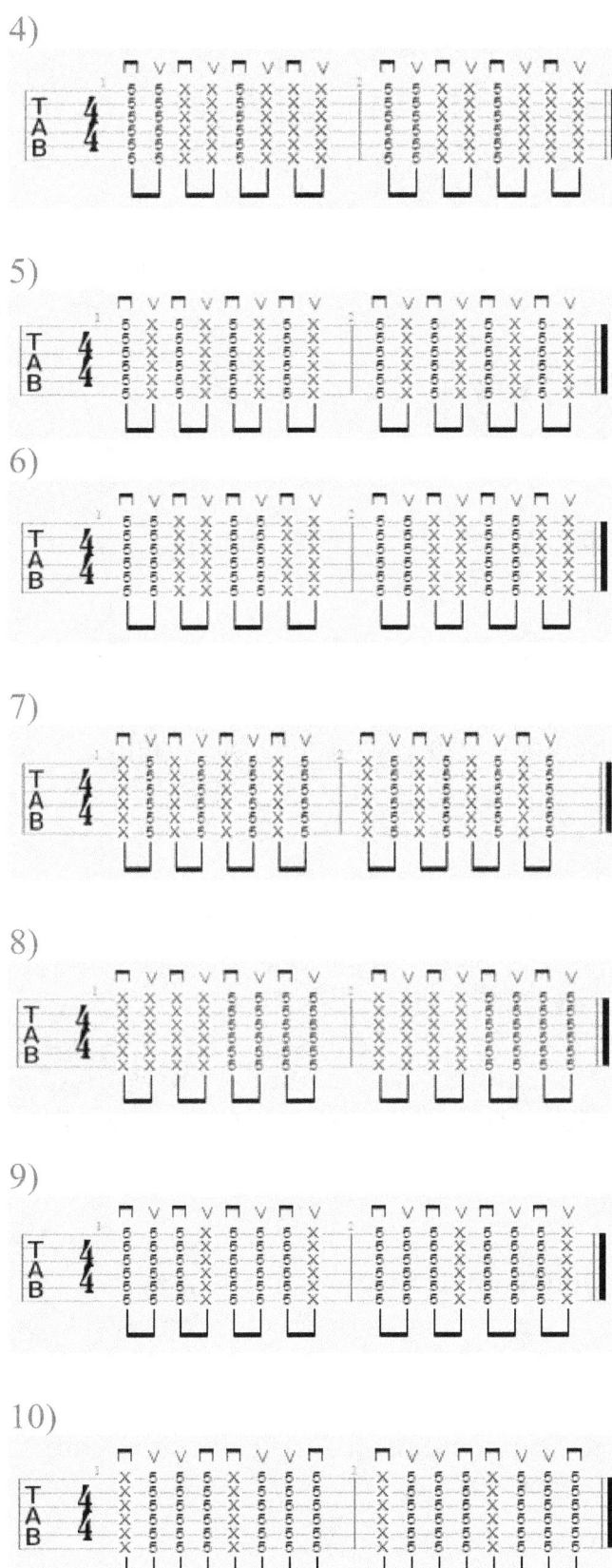

Acidentes Musicais ou Sinais de Alteração

\# - Sustenido
Altera a nota meio tom acima. Ex.: Dó#
Ex.: dó# – está meio tom acima da nota dó

b - Bemol
Altera a nota meio tom abaixo. Ex.: Réb
Ex.: réb - está meio tom abaixo da nota ré

Lê-se
Dó# - Dó sustenido
Dób - Dó bemol

O meio tom é a menor distância entre duas notas.
A distância entre duas notas chama-se intervalo.

Escala Cromática

A escala cromática é formada por intervalos de meio tom entre uma nota e outra.

Na forma ascendente usa-se sustenido.
Dó   Dó#   Ré   Ré#   Mi   Fá   Fá#   Sol   Sol#   Lá   Lá#   Si

Na forma descendente usa-se bemol
Dó   Si   Sib   La   Lab   Sol   Solb   Fá   Mi   Mib   Ré   Réb

Obs: Note que de Mi para Fá e de Si para Dó, já tem intervalo de meio tom. Por isso a ausência de Mi e Si sustenido na escala cromática, logo então, não temos também as notas Fá bemol e Dó bemol.

Nota
Todo acorde sustenido possui outro acorde bemol com as mesmas notas. É muito comum encontrar acordes idênticos, mas que possuem nomes diferente. Para isso damos o nome de enarmonia.

Perceba que a escala cromática ascendente e a mesma escala cromática descendente. Ambas são enarmônica, ou seja, possuem as mesmas notas

Acordes Maiores Com Sustenido e Bemol

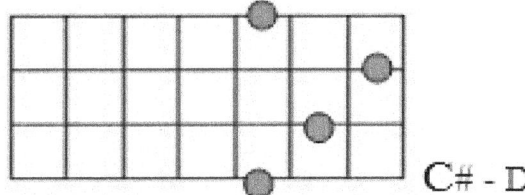 C# - Db

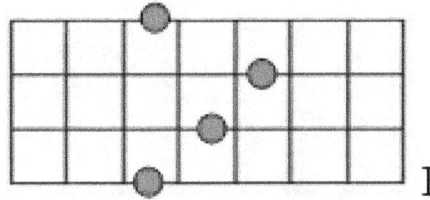 D# - Eb

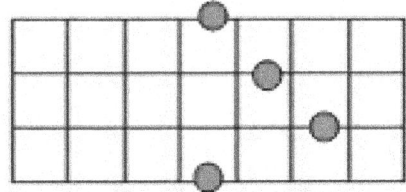 F# - Gb

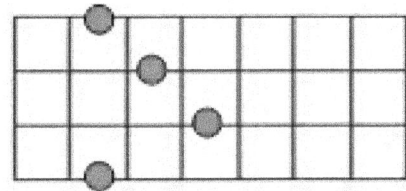 G# - Ab

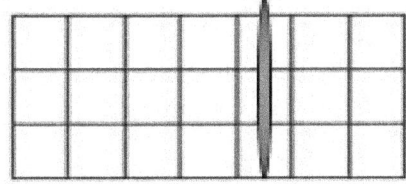 A# - Bb

Acordes Menores Com Sustenido e Bemol

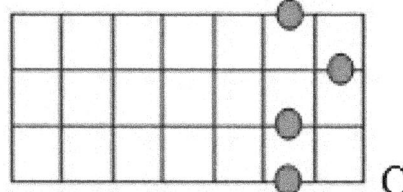 C#m - Dbm

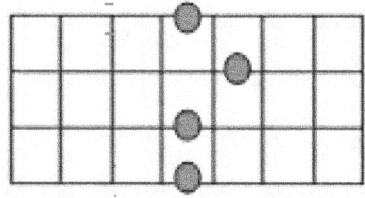 D#m - Ebm

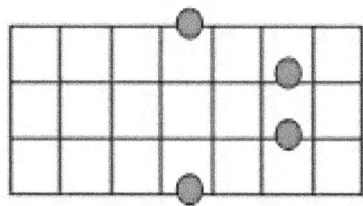 F#m - Gbm

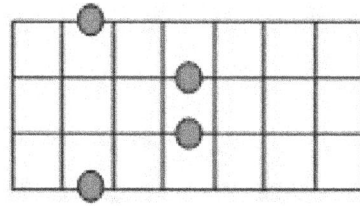 G#m - Abm

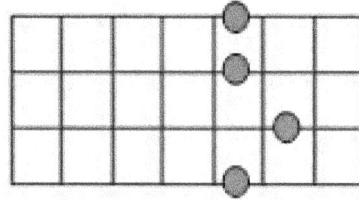 A#m - Bbm

Acordes Maiores Com Sétima - Sustenido e Bemol

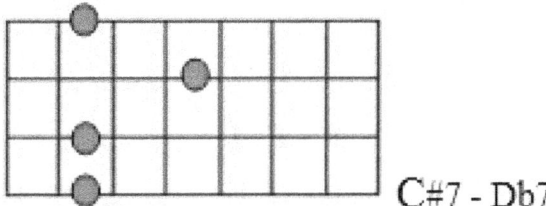

C#7 - Db7

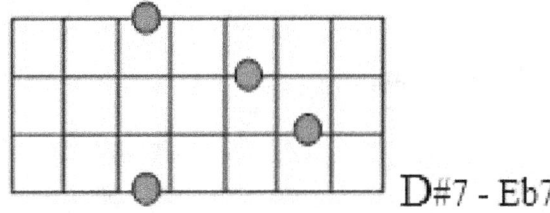

D#7 - Eb7

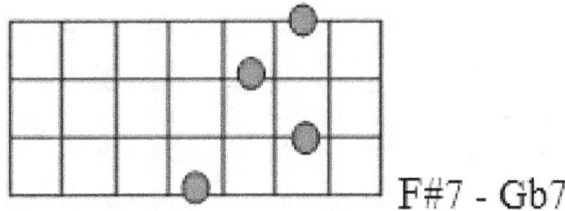

F#7 - Gb7

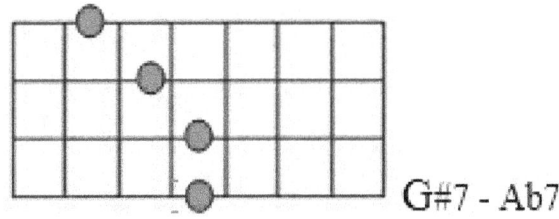

G#7 - Ab7

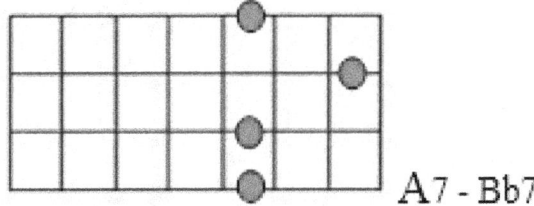

A7 - Bb7

Campo Harmônico Maior Natural

O campo harmônico serve como referência para a tonalidade das músicas

Esses acordes podem vir acompanhados de 9, 11 e 13 de acordo com o grau de conhecimento harmônico do músico.

Campo Harmônico Dó Maior

Graus	I	ii	iii	IV	V	vi	vii$^\varnothing$
Acordes	C7M	Dm7	Em7	F7M	G7	Am7	Bm7/b5

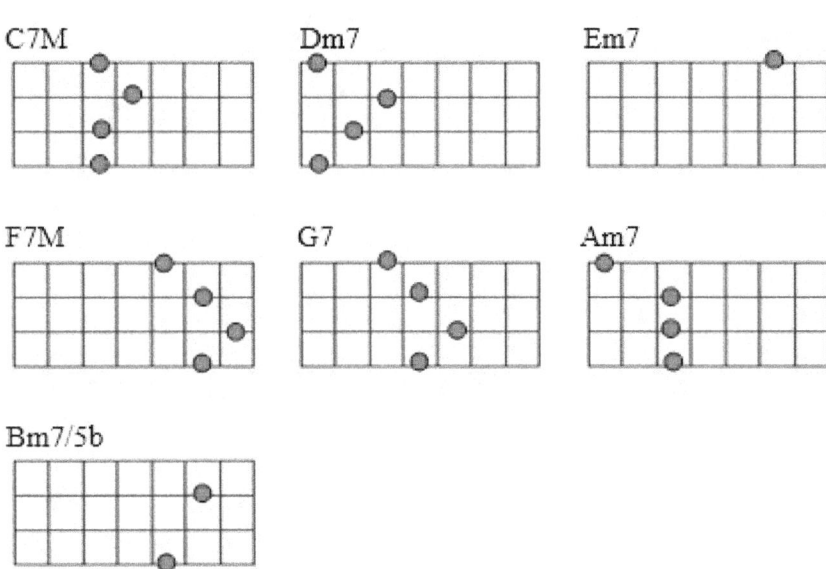

Campo Harmônico Sol Maior

Graus	I	ii	iii	IV	V	vi	vii$^{\emptyset}$
Acordes	G7M	Am7	Bm7	C7M	D7	Em7	F#m7/b5

G7M
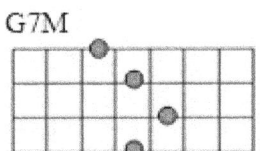

Am7
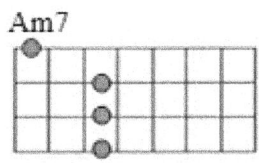

Bm7
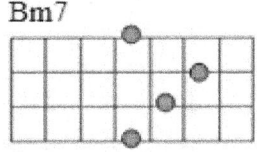

C7M
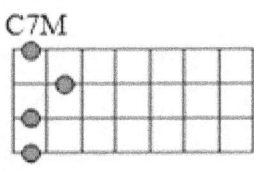

D7
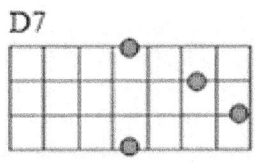

Em7
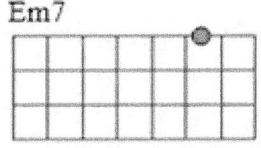

F#m7/5b
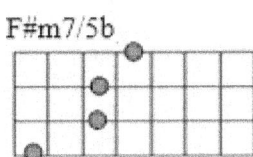

Campo Harmônico Ré Maior

Graus	I	ii	iii	IV	V	vi	vii$^{\emptyset}$
Acordes	D7M	Em7	F#m7	G7M	A7	Bm7	C#m7/b5

D7M
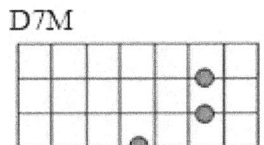

Em7
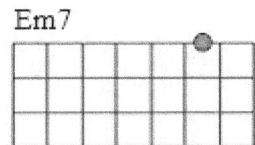

F#m7
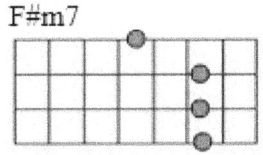

G7M
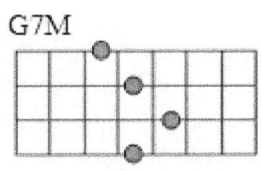

A7
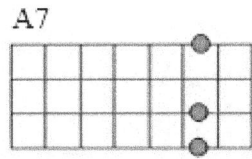

Bm7
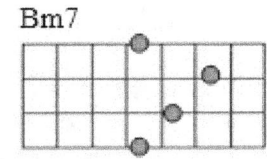

C#m7/5b
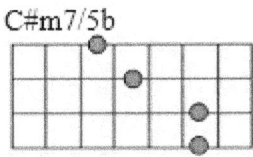

Campo Harmônico Lá Maior

Graus	I	ii	iii	IV	V	vi	vii$^{\emptyset}$
Acordes	A7M	Bm7	C#m7	D7M	E7	F#m7	G#m7/b5

A7M
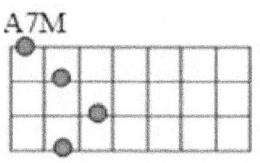

Bm7
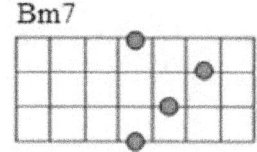

C#m7
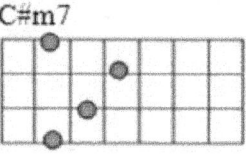

D7M
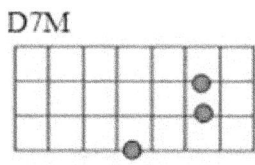

E7
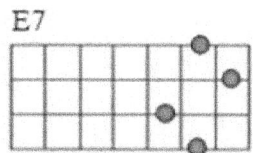

F#m7
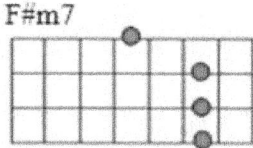

G#m7/5b
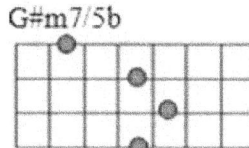

Campo Harmônico Mi Maior

Graus	I	ii	iii	IV	V	vi	vii$^{\emptyset}$
Acordes	E7M	F#m7	G#m7	A7M	B7	C#m7	D#m7/b5

E7M
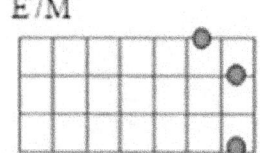

F#m7
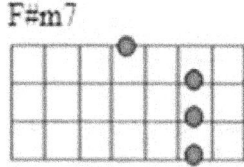

G#m7
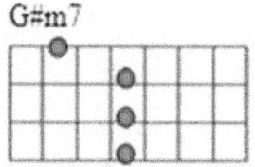

A7M
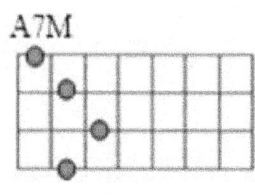

B7
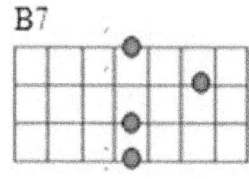

C#m7
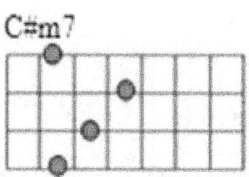

D#m7/5b
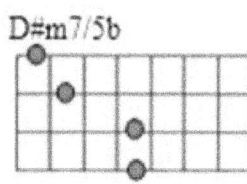

Campo Harmônico Si Maior

Graus	I	ii	iii	IV	V	vi	vii$^{\varnothing}$
Acordes	B7M	C#m7	D#m7	E7M	F7	G#m7	A#m7/b5

B7M
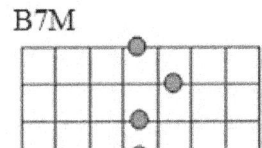

C#m7
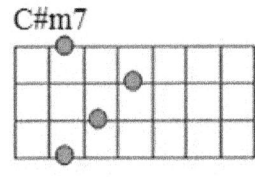

D#m7
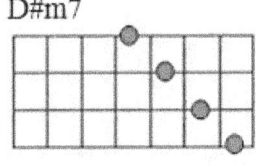

E7M
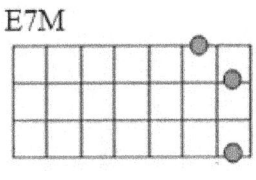

F#7
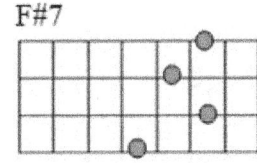

G#m7
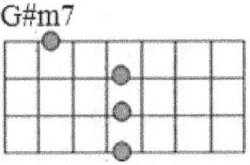

A#m7/5b
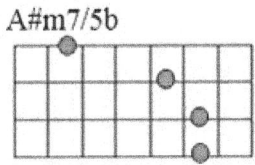

Campo Harmônico Fá# Maior

Graus	I	ii	iii	IV	V	vi	vii$^{\varnothing}$
Acordes	F#7M	G#m7	A#m7	B7M	C#7	D#m7	E#m7/b5

F#7M
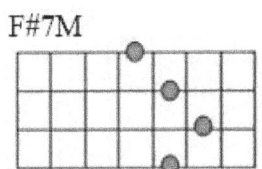

G#m7
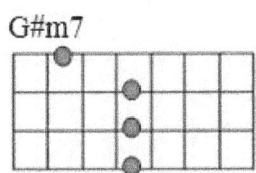

A#m7
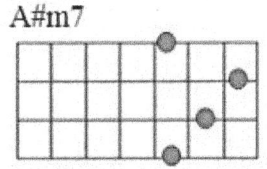

B7M
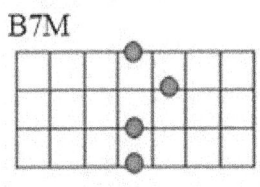

C#7
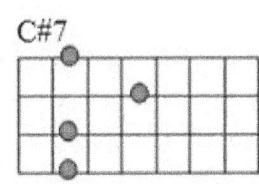

D#m7
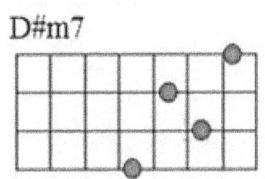

E#m7/5b
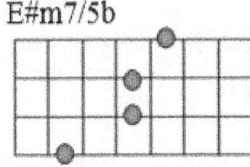

Campo Harmônico Dó# Maior

Graus	I	ii	iii	IV	V	vi	vii$^\emptyset$
Acordes	C#7M	D#m7	E#m7	F#7M	G#7	A#m7	B#m7/b5

C#7M
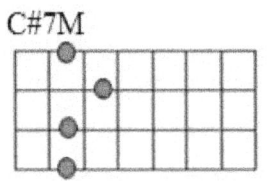

D#m7
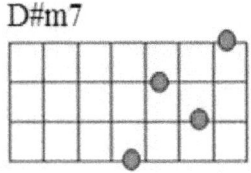

E#m7
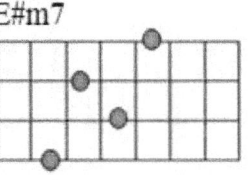

F#7M
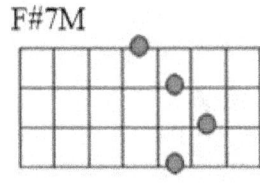

G#7
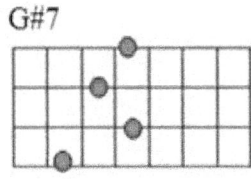

A#m7
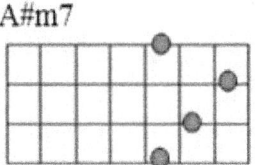

B#m7/5b
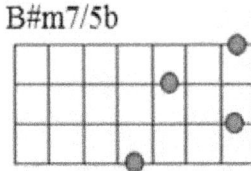

Campo Harmônico Fá Maior

Graus	I	ii	iii	IV	V	vi	vii$^\emptyset$
Acordes	F7M	Gm7	Am7	Bb7M	C7	Dm7	Em7/b5

F7M
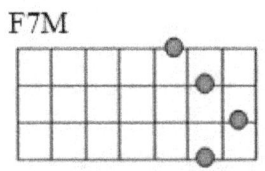

Gm7
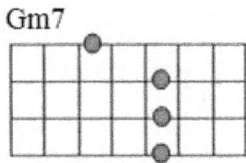

Am7
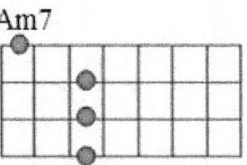

Bb7M
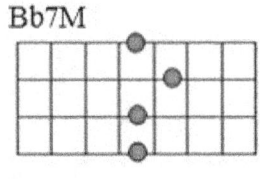

C7
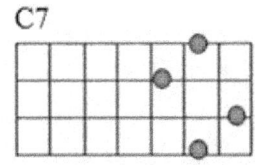

Dm7
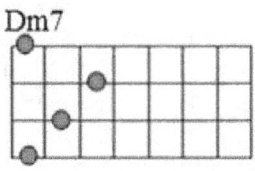

Em7/5b
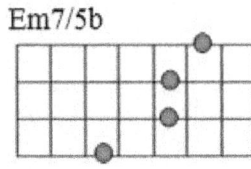

Campo Harmônico Sib Maior

Graus	I	ii	iii	IV	V	vi	vii⌀
Acordes	Bb7M	Cm7	Dm7	Eb7M	F7	Gm7	Am7/b5

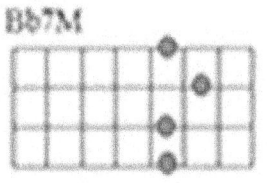
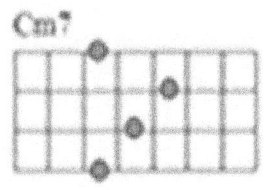
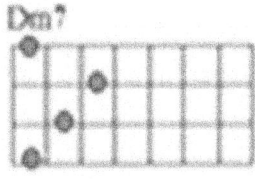

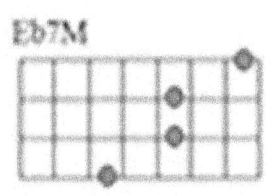
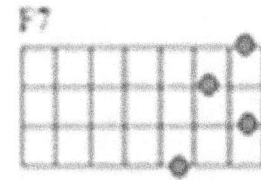
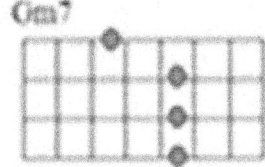

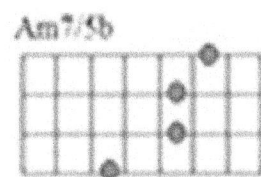

Campo Harmônico Mib Maior

Graus	I	ii	iii	IV	V	vi	vii⌀
Acordes	Eb7M	Fm7	Gm7	Ab7M	Bb7	Cm7	Dm7/b5

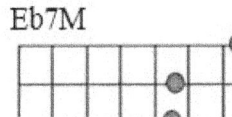
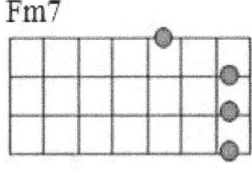

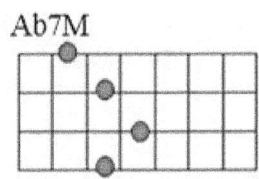
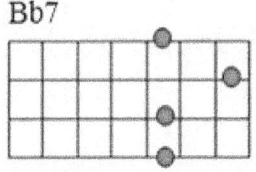
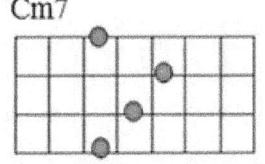

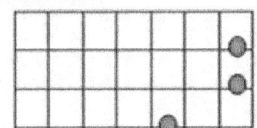

Campo Harmônico Láb Maior

Graus	I	ii	iii	IV	V	vi	vii$^\varnothing$
Acordes	Ab7M	Bbm7	Cm7	Db7M	Eb7	Fm7	Gm7/b5

Ab7M
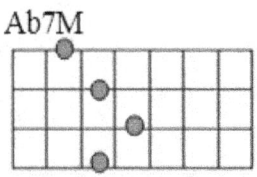

Bbm7
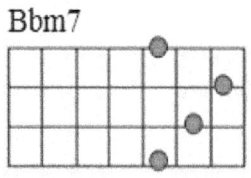

Cm7
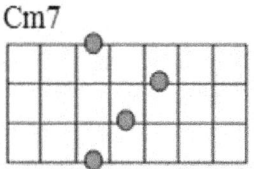

Db7M
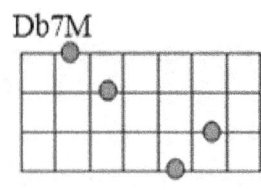

Eb7
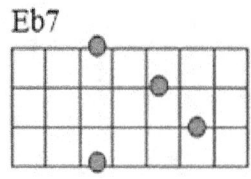

Fm7
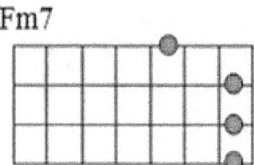

Gm7/5b
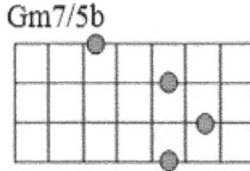

Campo Harmônico Réb Maior

Graus	I	ii	iii	IV	V	vi	vii$^\varnothing$
Acordes	Db7M	Ebm7	Fm7	Gb7M	Ab7	Bbm7	Cm7/b5

Db7M
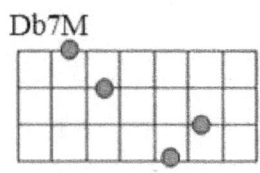

Ebm7
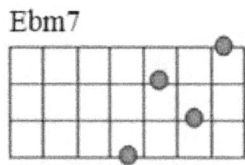

Fm7
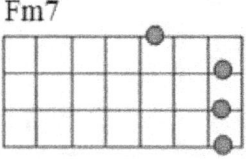

Gb7M
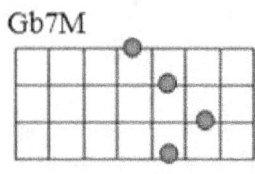

Ab7
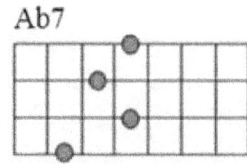

Bbm7
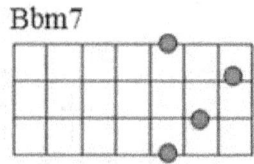

Cm7/5b
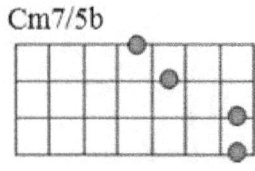

Campo Harmônico Solb Maior

Graus	I	ii	iii	IV	V	vi	vii$^{\emptyset}$
Acordes	Gb7M	Abm7	Bbm7	Cb7M	Db7	Ebm7	Fm7/b5

Gb7M
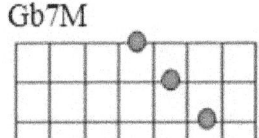

Abm7
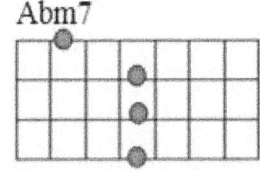

Bbm7
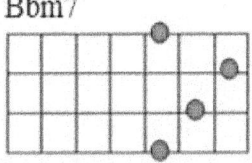

Cb7M
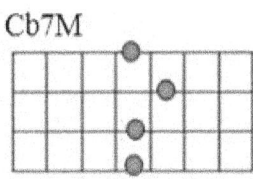

Db7
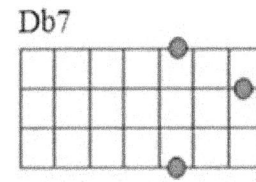

Ebm7
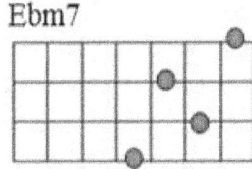

Fm7/5b
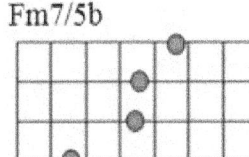

Campo Harmônico Dób Maior

Graus	I	ii	iii	IV	V	vi	vii$^{\emptyset}$
Acordes	Cb7M	Dbm7	Ebm7	Fb7M	Gb7	Abm7	Bbm7/b5

Cb7M
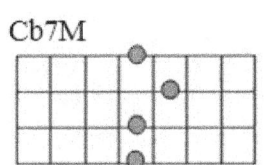

Dbm7
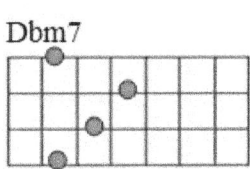

Ebm7
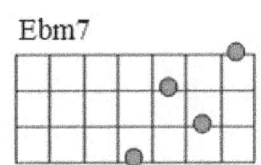

Fb7M
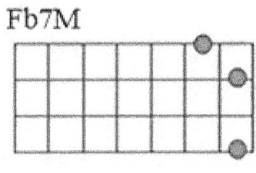

Gb7
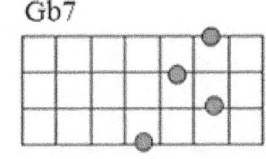

Abm7
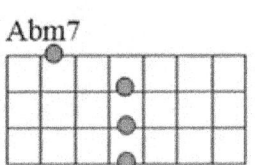

Bbm7/5b
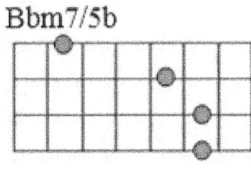

Observação:
Alguns acordes são iguais, porém vem com cifragens diferentes

O acorde diminuto pode ser cifrado de várias maneiras
Ex:
dó diminuto - Cdim, C7dim, C7o

O acorde meio diminuto possui duas cifragens distintas
Ex:
Bm7/5b, B⌀

Sinal de alteração
X - dobrado sustenido altera o acorde um tom acima
Ex:
CX (dó dobrado sustenido) = D (ré maior) - isso acontece devido as notas da tonalidade que pedem tal cifragem.

Campo Harmônico Menor

O campo harmônico menor tem como base acordes menores, maiores, um acorde meio diminuto e um acorde diminuto.
Perceba que o quinto grau pode ser tanto menor como maior, embora o maior predomina pelo fato do quinto grau sempre pedir para resolver no primeiro.
O sétimo grau pode ser um acorde maior com sétima ou um acorde diminuto. Ambos soam muito bem e pedem para ser resolvido no VI grau

Campo Harmônico Lá Menor

Graus	i	ii^ø	III	iv	V	VI	viidim
Acordes	Am7	Bm7/5b	C7M	Dm7	E7	F7M	G#dim

Am7
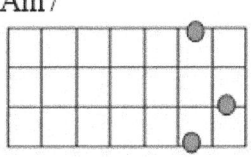

B#m7/5b
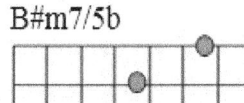

C7M
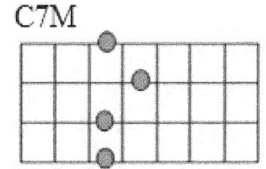

Dm7
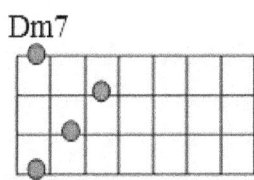

E7
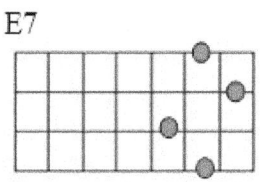

F7M
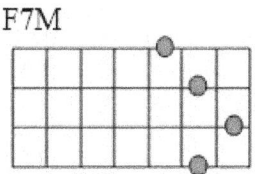

G#dim
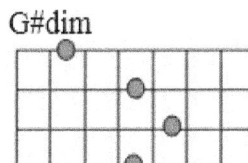

Campo Harmônico Mi Menor

Graus	i	ii^ø	III	iv	V	VI	viidim
Acordes	Em7	F#m7/5b	G7M	Am7	B7	C7M	D#dim

Em7
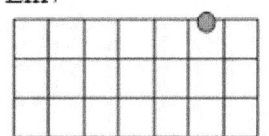
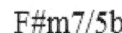

F#m7/5b
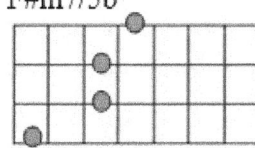

G7M
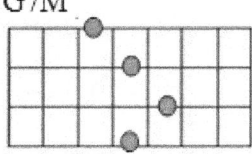

Am7
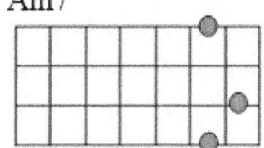

B7
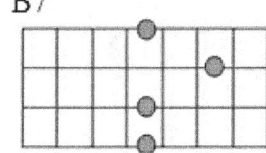

C7M
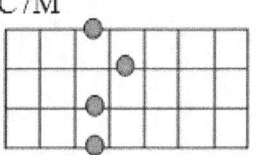

D#dim
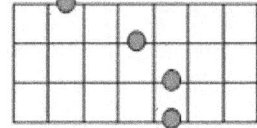

Campo Harmônico Si Menor

Graus	i	ii⌀	III	iv	V	VI	viidim
Acordes	Bm7	C#m7/5b	D7M	Em7	F#7	G7M	A#dim

Bm7 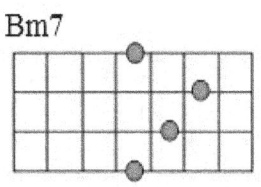 C#m7/5b 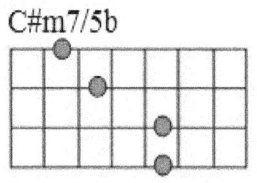 D7M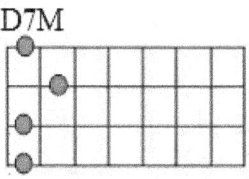

Em7 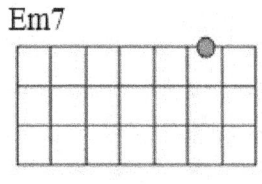 F#7 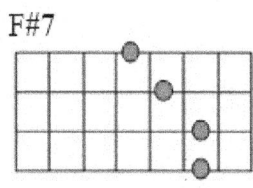 G7M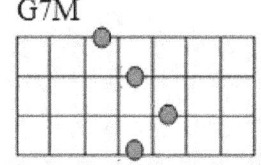

A#dim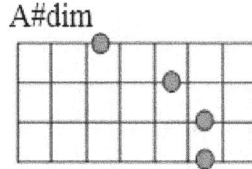

Campo Harmônico Fá# Menor

Graus	i	ii⌀	III	iv	V	VI	viidim
Acordes	F#m7	G#m7/5b	A7M	Bm7	C#7	D7M	E#dim

F#m7 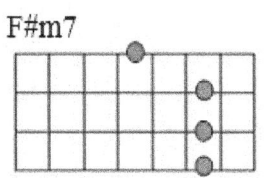 G#m7/5b 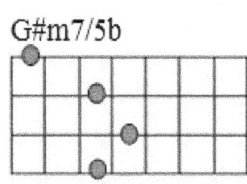 A7M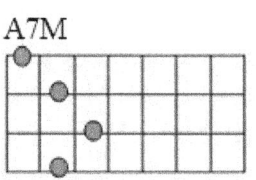

Bm7 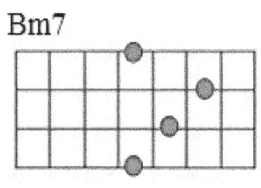 C#7 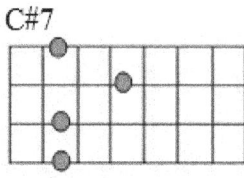 D7M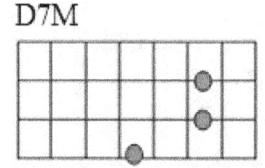

E#dim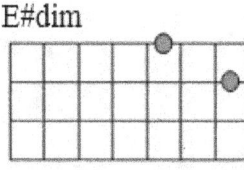

Campo Harmônico Dó# Menor

Graus	i	ii$^{\varnothing}$	III	iv	V	VI	viidim
Acordes	C#m7	D#m7/5b	E7M	F#m7	G#7	A7M	B#O

C#m7
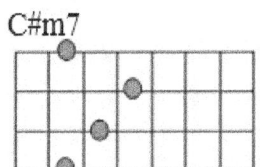

D#m7/5b
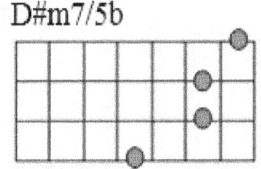

E7M
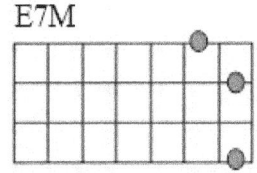

F#m7
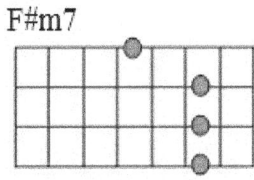

G#7
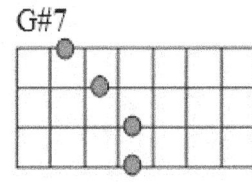

A7M
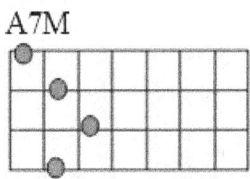

B#dim
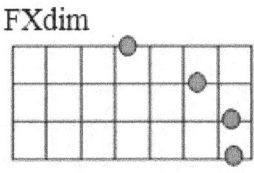

Campo Harmônico Sol# Menor

Graus	i	ii$^{\varnothing}$	III	iv	V	VI	viidim
Acordes	G#m7	A#m7/5b	B7M	C#m7	D#7	E7M	FXdim

G#m7
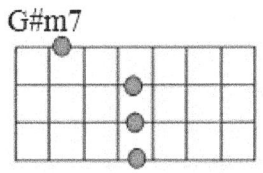

A#m7/5b
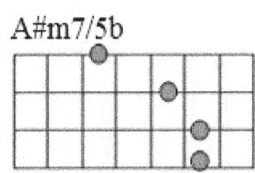

B7M
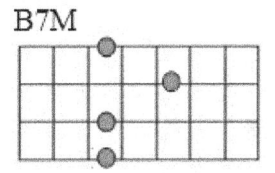

C#m7
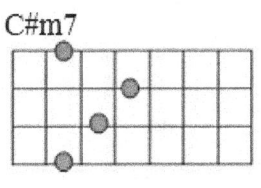

D#7
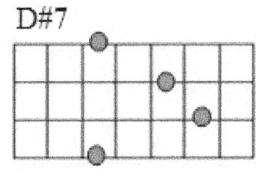

E7M
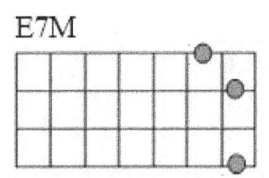

FXdim

Campo Harmônico Ré# Menor

Graus	i	ii^ø	III	iv	V	VI	viidim
Acordes	D#m7	E#m7/5b	F#7M	G#m7	A#7	B7M	CXdim

D#m7
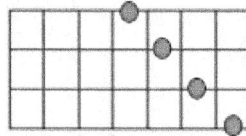

E#m7/5b
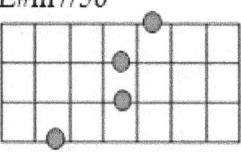

F#7M
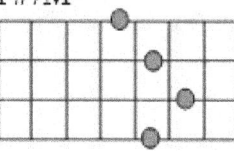

G#m7
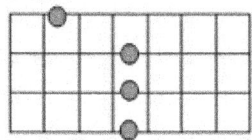

A#7
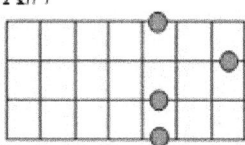

B7M
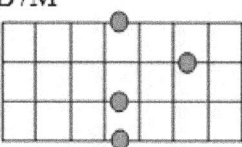

CXdim
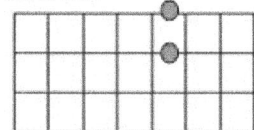

Campo Harmônico LÁ# Menor

Graus	i	ii^ø	III	iv	V	VI	viidim
Acordes	A#m7	B#m7/5b	C#7M	D#m7	E#7	F#7M	GXdim

A#m7
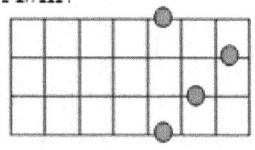

B#m7/5b
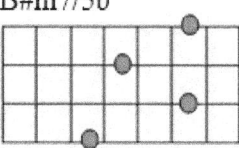

C#7M
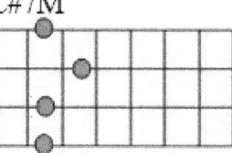

D#m7
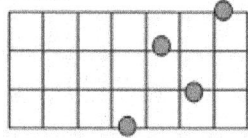

E#7
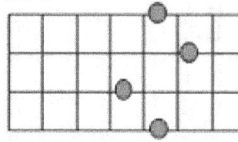

F#7M
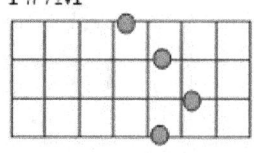

GXdim
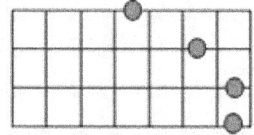

Campo Harmônico Ré Menor

Graus	i	ii$^{\varnothing}$	III	iv	V	VI	viidim
Acordes	Dm7	Em7/5b	F7M	Gm7	A7	Bb7M	C#dim

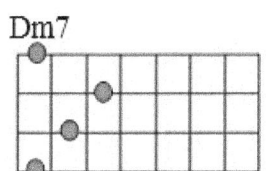

Dm7

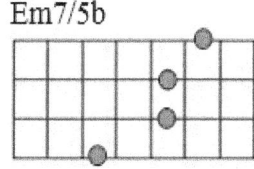

Em7/5b

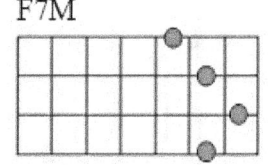

F7M

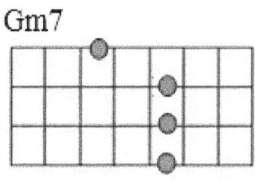

Gm7

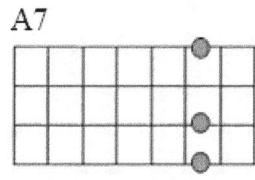

A7

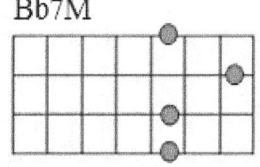

Bb7M

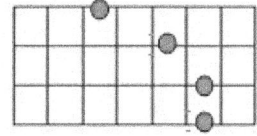

C#dim

Campo Harmônico Sol Menor

Graus	i	ii$^{\varnothing}$	III	iv	V	VI	viidim
Acordes	Gm7	Am7/5b	Bb7M	Cm7	D7	Eb7M	F#dim

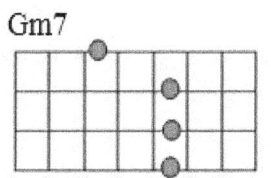

Gm7

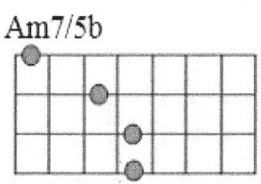

Am7/5b

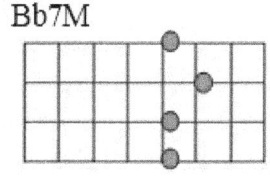

Bb7M

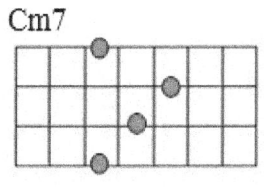

Cm7

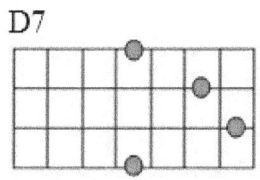

D7

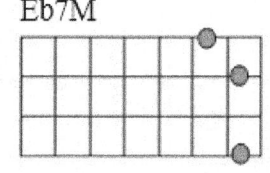

Eb7M

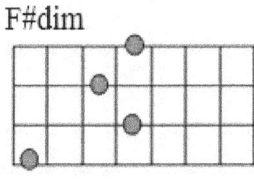

F#dim

Campo |Harmônico Dó Menor

Graus	i	ii$^\varnothing$	III	iv	V	VI	viidim
Acordes	Cm7	Dm7/5b	Eb7M	Fm7	G7	Ab7M	Bdim

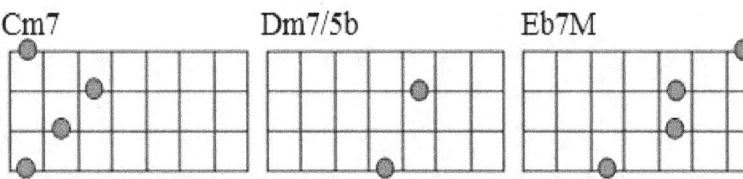

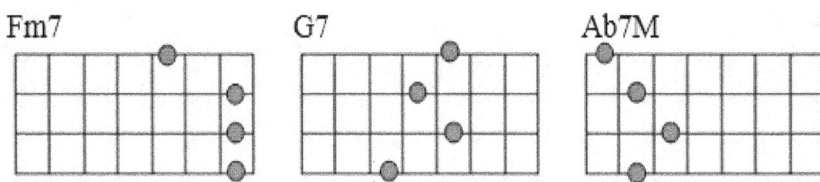

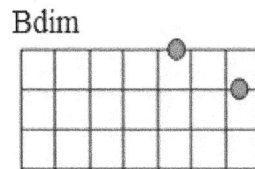

Campo Harmônico Fá Menor

Graus	i	ii$^\varnothing$	III	iv	V	VI	viidim
Acordes	Fm7	Gm7/5b	Ab7M	Bbm7	C7	Db7M	Edim

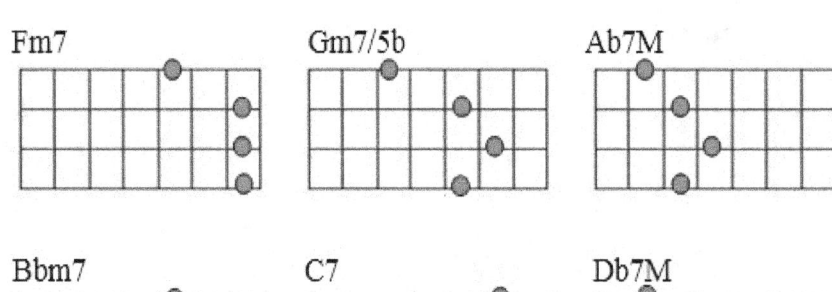

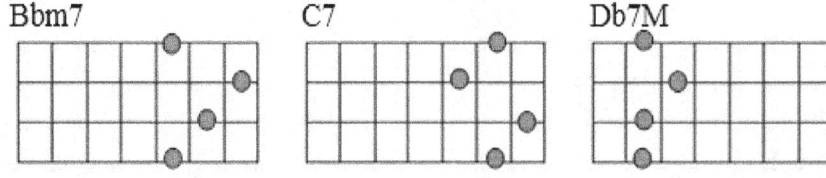

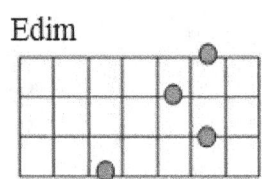

Campo Harmônico Sib Menor

Graus	i	ii∅	III	iv	V	VI	viidim
Acordes	Bbm7	Cm7/5b	Db7M	Ebm7	F7	Gb7M	Adim

Bbm7

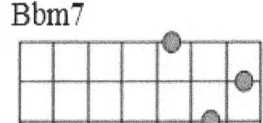

Cm7/5b

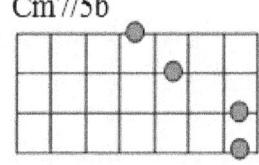

Db7M

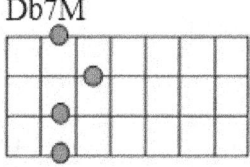

Ebm7

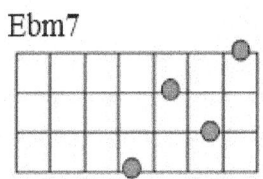

F7

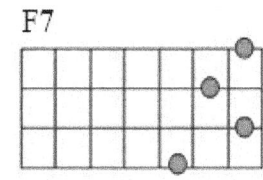

Gb7M

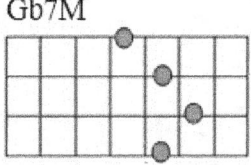

A#dim

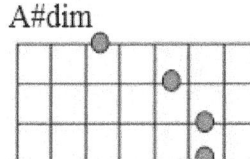

Campo Harmônico Mib Menor

Graus	i	ii∅	III	iv	V	VI	viidim
Acordes	Ebm7	Fm7/5b	Gb7M	Abm7	Bb7	Cb7M	Ddim

Ebm7

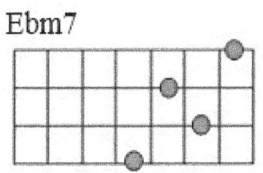

Fm7/5b

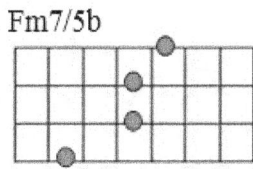

Gb7M

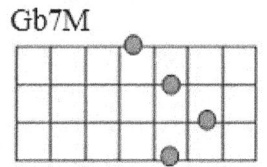

Abm7

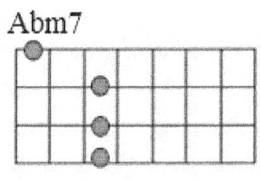

Bb7

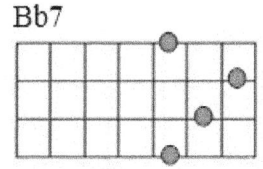

Cb7M

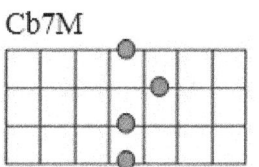

Ddim

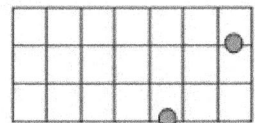

Campo Harmônico Láb Menor

Graus	i	ii$^{\varnothing}$	III	iv	V	VI	viidim
Acordes	Abm7	Bbm7/5b	Cb7M	Dbm7	Eb7	Fb7M	Gdim

Abm7
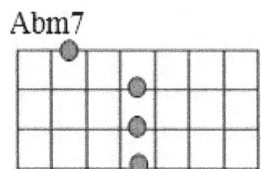

Bbm7/5b
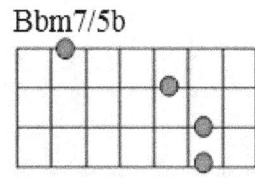

Cb7M
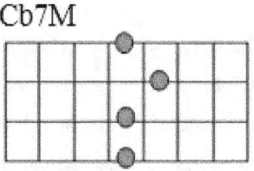

Dbm7
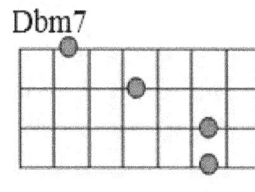

Eb7
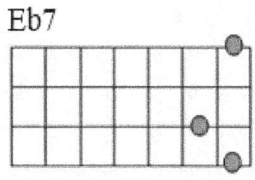

Fb7M
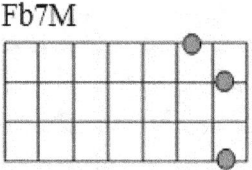

Gdim
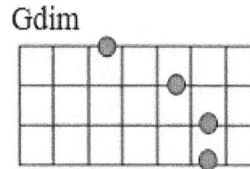

Sequências Padronizadas

São sequências formadas por situações ocorrentes em qualquer samba.
Estão distribuídas em todas as tonalidades e devem ser praticadas a fim de memorizar a sonoridades de cada uma. Também serve de parâmetro para que se possa ouvir uma música e saber reconhecer os caminhos harmônicos implícitos nela.

Sequências Nº - 1

Somente acordes da tonalidade

1-|| C7M | Am7 | Dm7 | G7 ||

2-|| F7M | Dm7 | Gm7 | C7 ||

3-|| Bb7M | Gm7 | Cm7 | F7 ||

4-|| Eb7M | Cm7 | Fm7 | Bb7 ||

5-|| Ab7M | Fm7 | Bbm7 | Eb7 ||

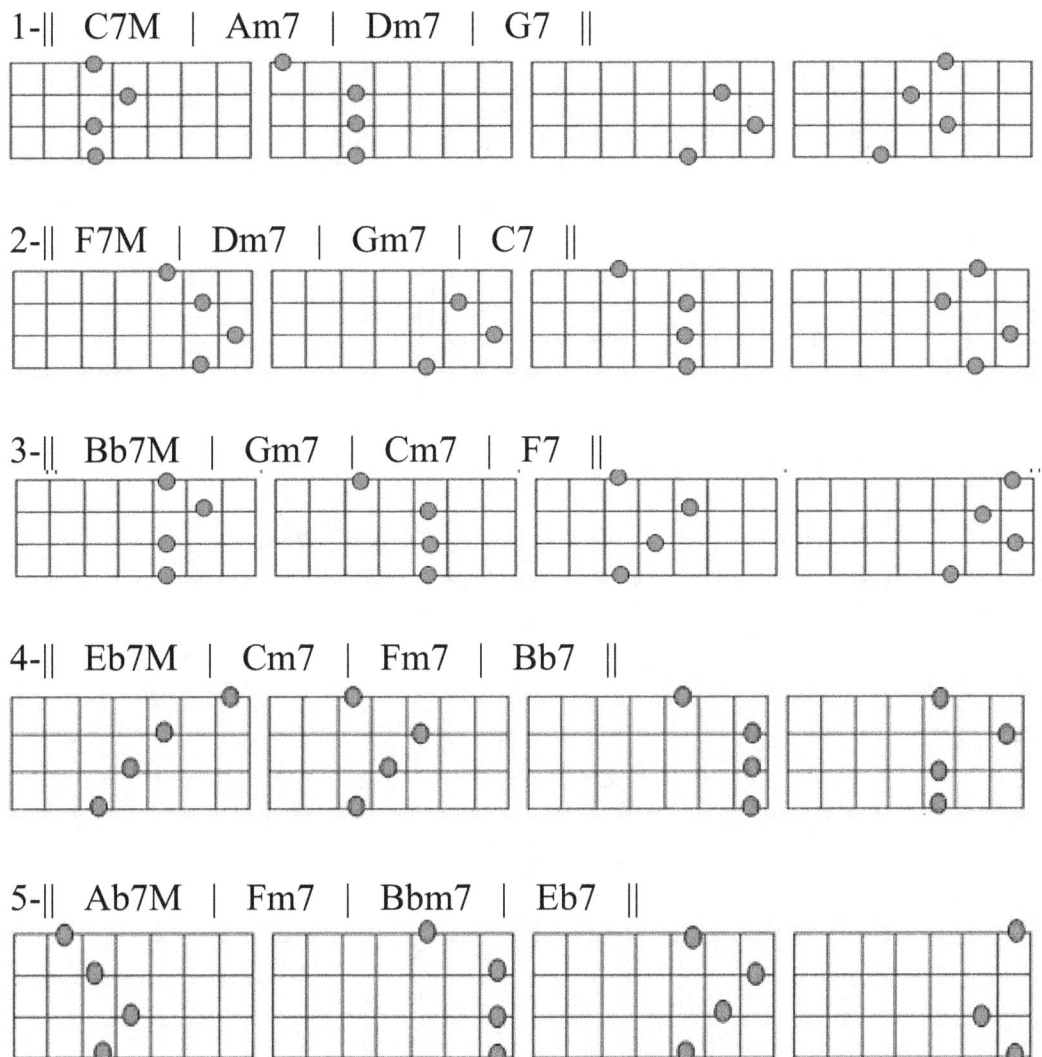

6-|| Db7M | Bbm7 | Ebm7 | Ab7 ||

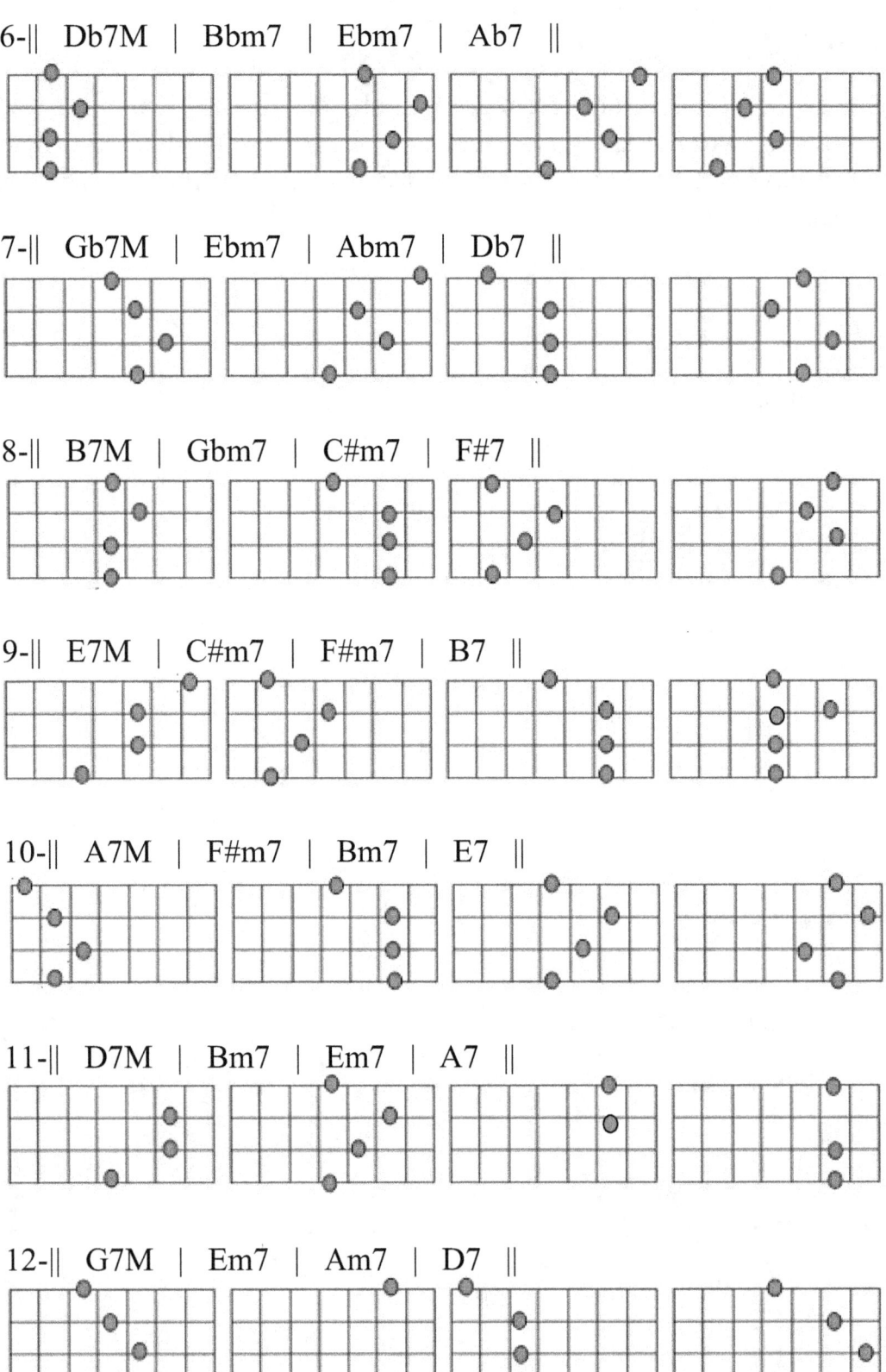

7-|| Gb7M | Ebm7 | Abm7 | Db7 ||

8-|| B7M | Gbm7 | C#m7 | F#7 ||

9-|| E7M | C#m7 | F#m7 | B7 ||

10-|| A7M | F#m7 | Bm7 | E7 ||

11-|| D7M | Bm7 | Em7 | A7 ||

12-|| G7M | Em7 | Am7 | D7 ||

Sequências Nº - 2

Aqui vemos um acorde de "C7" que serve de preparação para o F7M. Lembrando que todo acorde com "7" prepara para para um acorde maior ou menor e o mesmo pede resolução.

1 - || C7M | C7 | F7M | Fm6 ||

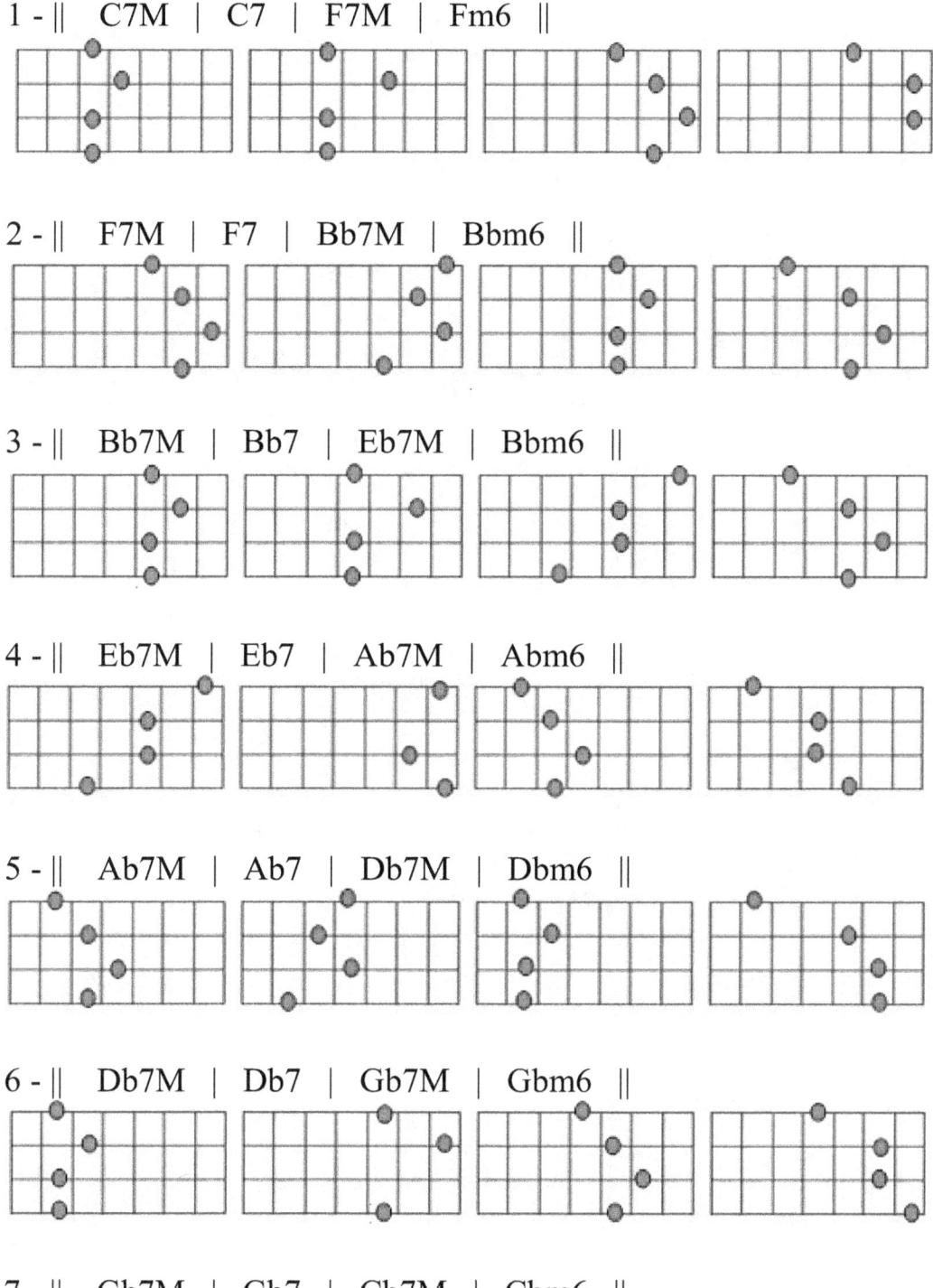

2 - || F7M | F7 | Bb7M | Bbm6 ||

3 - || Bb7M | Bb7 | Eb7M | Bbm6 ||

4 - || Eb7M | Eb7 | Ab7M | Abm6 ||

5 - || Ab7M | Ab7 | Db7M | Dbm6 ||

6 - || Db7M | Db7 | Gb7M | Gbm6 ||

7 - || Gb7M | Gb7 | Cb7M | Cbm6 ||

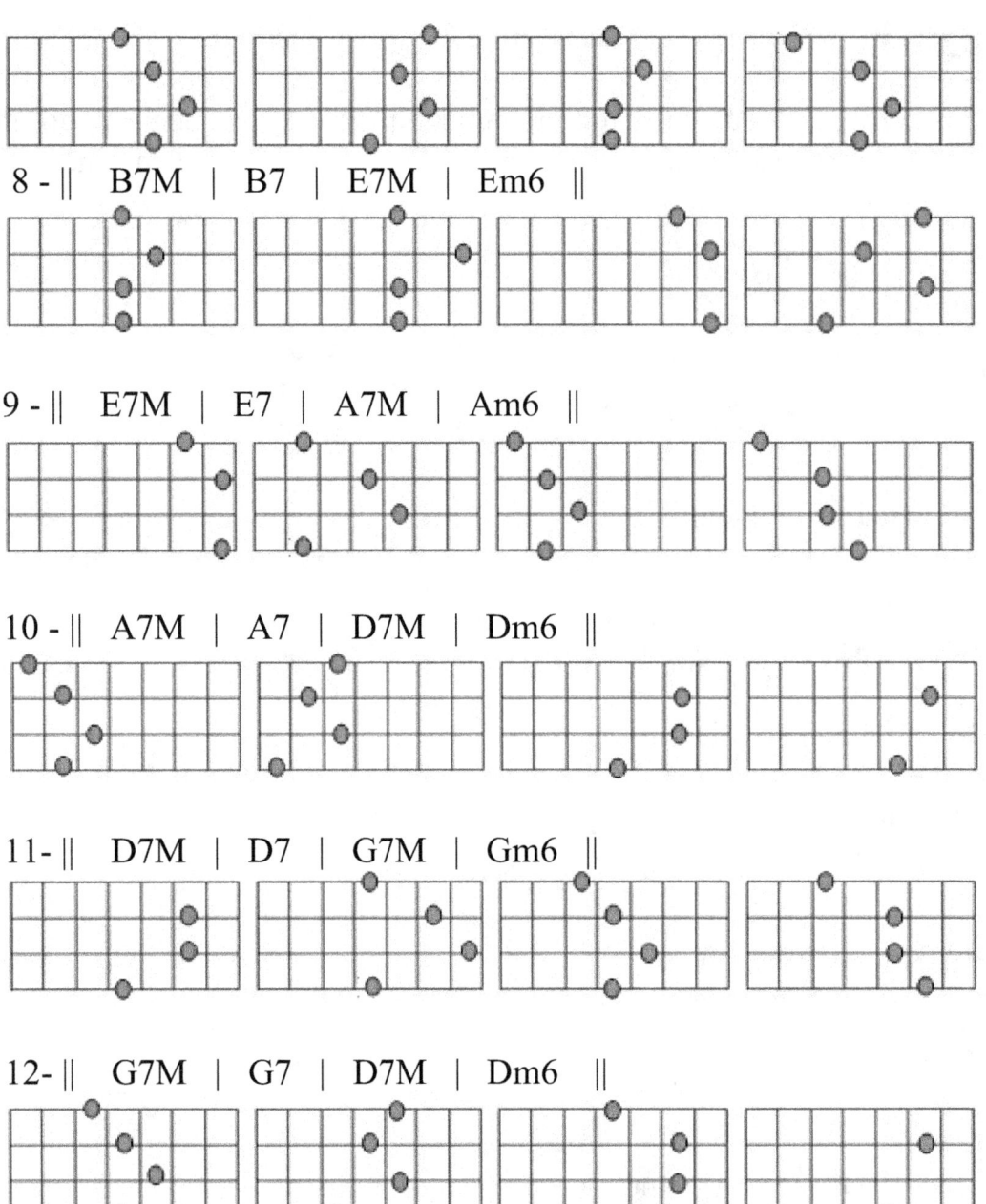

8 - ‖   B7M | B7 | E7M | Em6   ‖

9 - ‖   E7M | E7 | A7M | Am6   ‖

10 - ‖   A7M | A7 | D7M | Dm6   ‖

11- ‖   D7M | D7 | G7M | Gm6   ‖

12- ‖   G7M | G7 | D7M | Dm6   ‖

Sequências Nº - 3

Ebº, acorde diminuto de passagem para Dm7

1-|| C7M | Ebº | Dm7 | G7 |

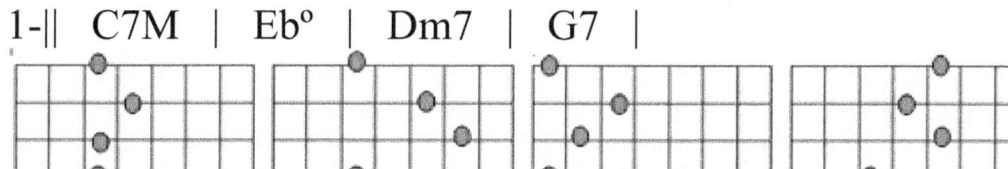

2-|| F7M | Ab#º | Gm7 | C7 ||

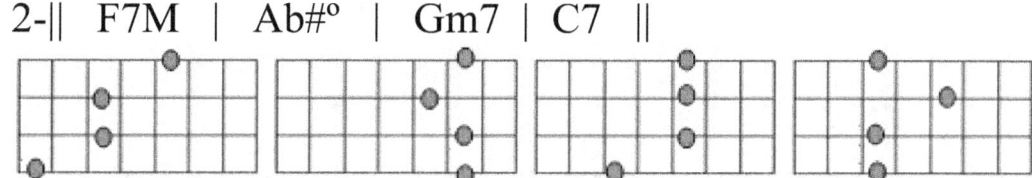

3-|| Bb7M | Dbº | Cm7 | F7 ||

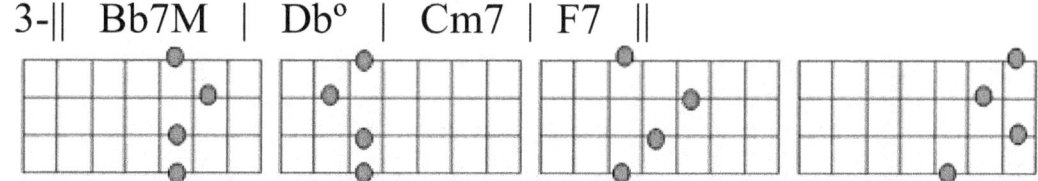

4-|| Eb7M | Gbº | Fm7 | Bb7 ||

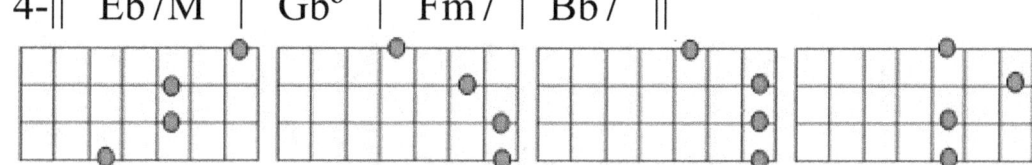

5-|| Ab7M | Cbº | Bbm7 | Eb7 ||

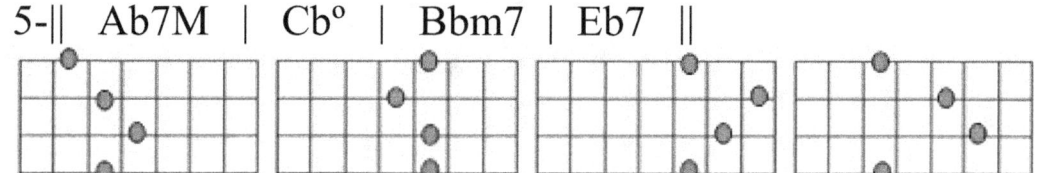

6-|| Db7M | Fbº | Ebm7 | Ab7 ||

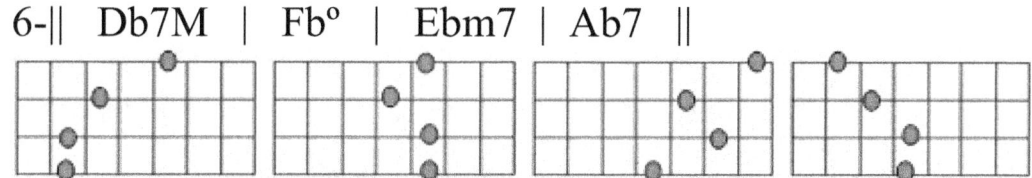

7-|| Gb7M | Bbº | Abm7 | Db7 ||

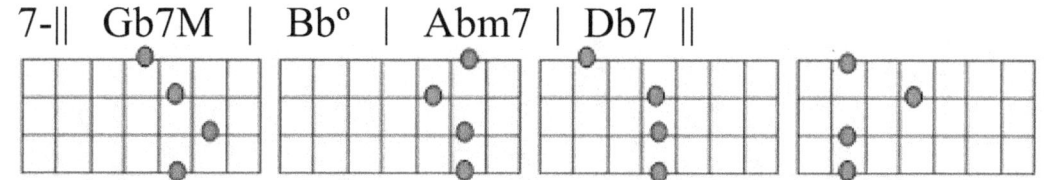

8-|| B7M | D#º | C#m7 | F#7 ||

9-|| E7M | G#º | F#m7 | B7 ||

10-|| A7M | C#º | Bm7 | E7 ||

11-|| D7M | F#º | Em7 | A7 ||

12-|| G7M | Bº | Am7 | D7 ||

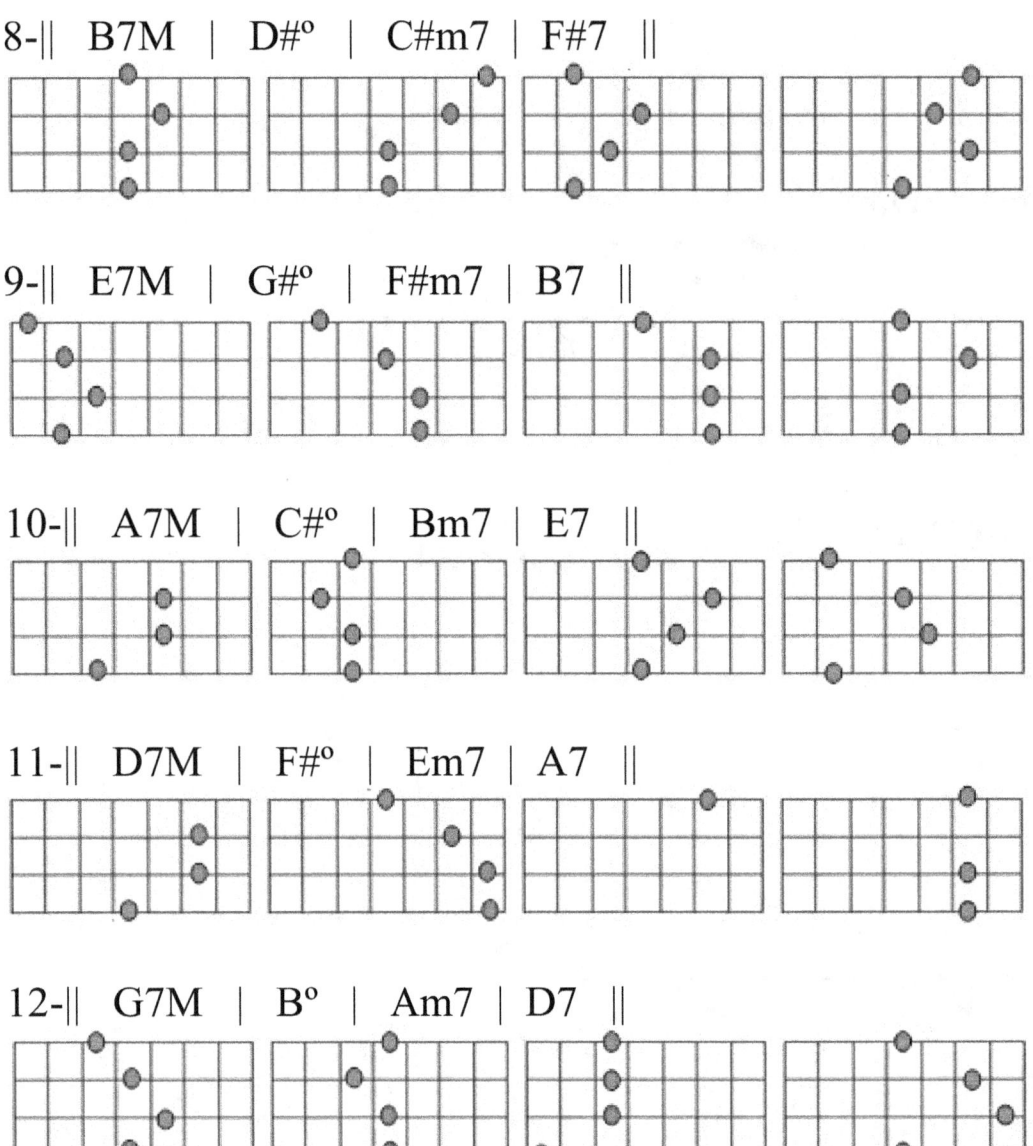

Sequências Nº - 4

O sexto grau da tonalidade Am7, alterado para A7, para ser resolvido em Dm7

1-|| C7M | A7 | Dm7 | G7 ||

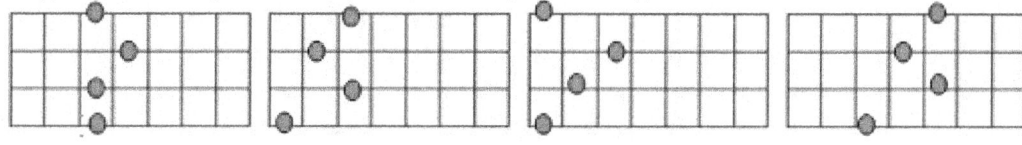

2-|| F7M | D7 | Gm7 | C7 ||

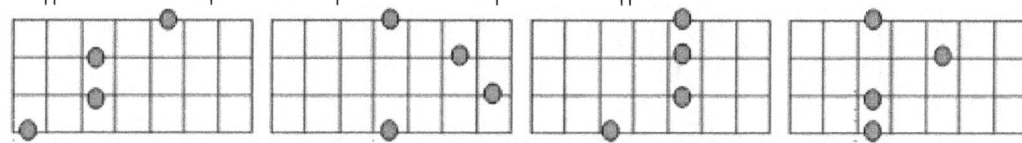

3-|| Bb7M | G7 | Cm7 | F7 ||

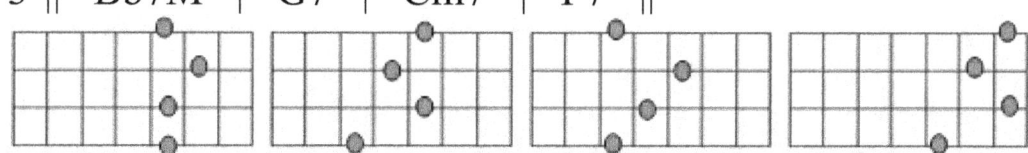

4-|| Eb7M | C7 | Fm7 | Bb7 ||

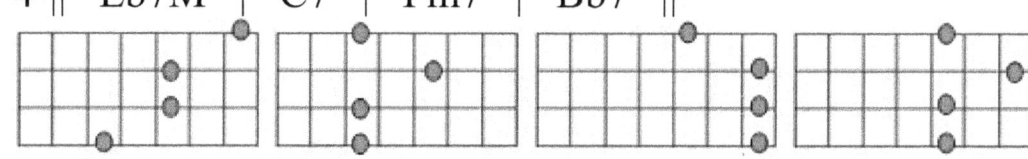

5-|| Ab7M | F7 | Bbm7 | Eb7 ||

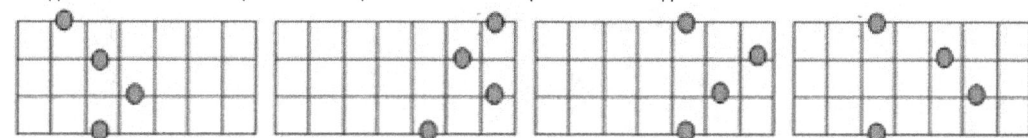

6-|| Db7M | Bb7 | Ebm7 | Ab7 ||

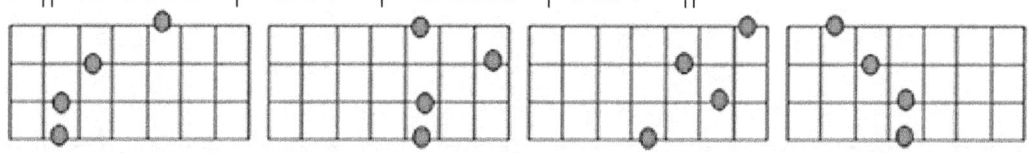

7-|| Gb7M | Eb7 | Abm7 | Db7 ||

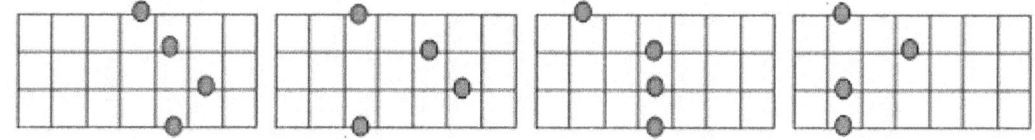

8-|| B7M | G#7 | C#m7 | F#7 ||

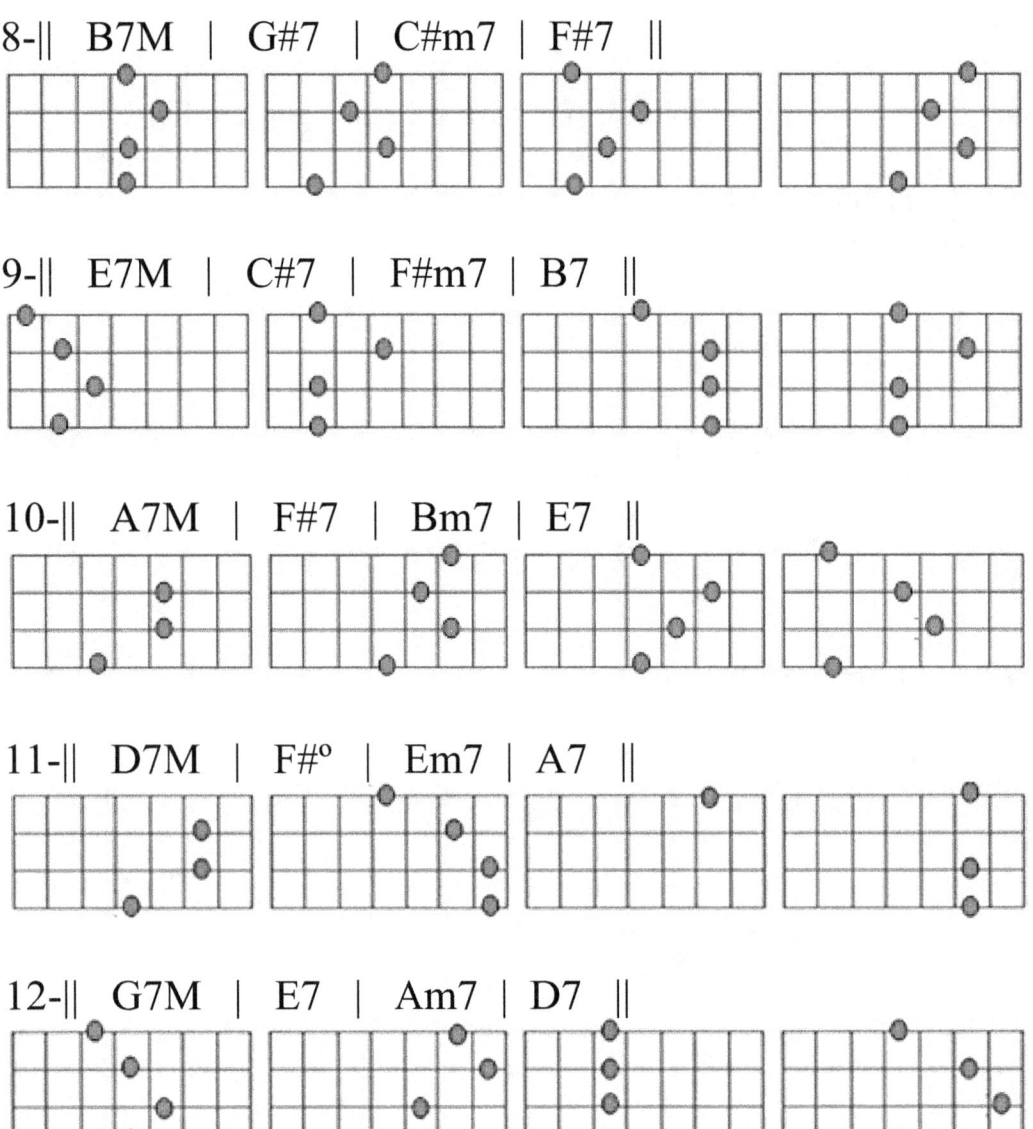

9-|| E7M | C#7 | F#m7 | B7 ||

10-|| A7M | F#7 | Bm7 | E7 ||

11-|| D7M | F#° | Em7 | A7 ||

12-|| G7M | E7 | Am7 | D7 ||

Sequências Nº - 5

D7, o segundo grau Dm7, alterado para D7. Situação bem comum na música popular, onde o segundo grau é alterado em um acorde maior

1-‖   C7M | D7 | Dm7 | G7   ‖

2-‖   F7M | G7 | Gm7 | C7   ‖

3-‖   Bb7M | C7 | Cm7 | F7   ‖

4-‖   Eb7M | F7 | Fm7 | Bb7   ‖

5-‖   Ab7M | Bb7 | Bbm7 | Eb7   ‖

6-‖   Db7M | Eb7 | Ebm7 | Ab7   ‖

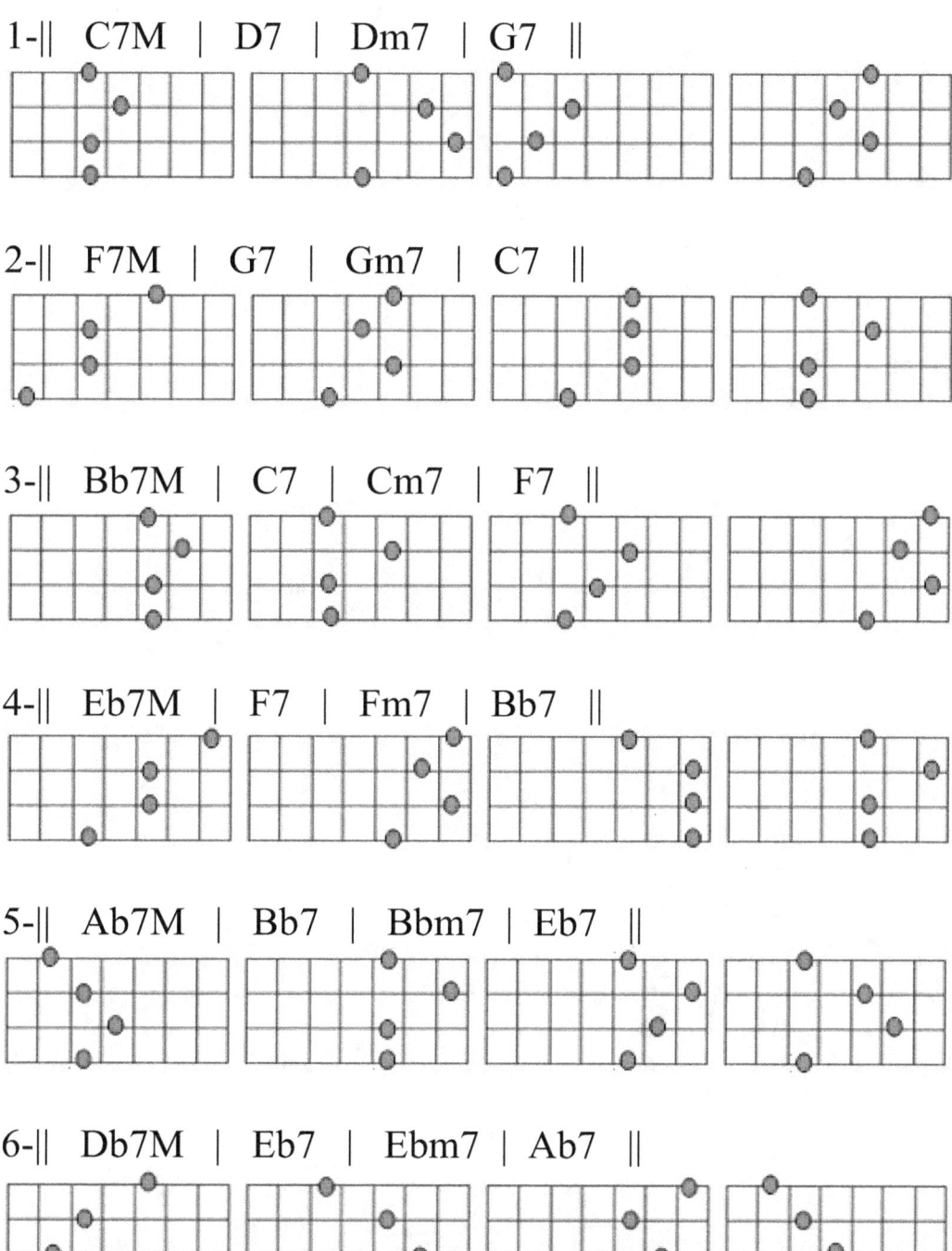

7-|| Gb7M | Ab7 | Abm7 | Db7 ||

8-|| B7M | C#7 | C#m7 | F#7 ||

9-|| E7M | F#7 | F#m7 | B7 ||

10-|| A7M | B7 | Bm7 | E7 ||

11-|| D7M | E° | Em7 | A7 ||

12-|| G7M | A7 | Am7 | D7 ||

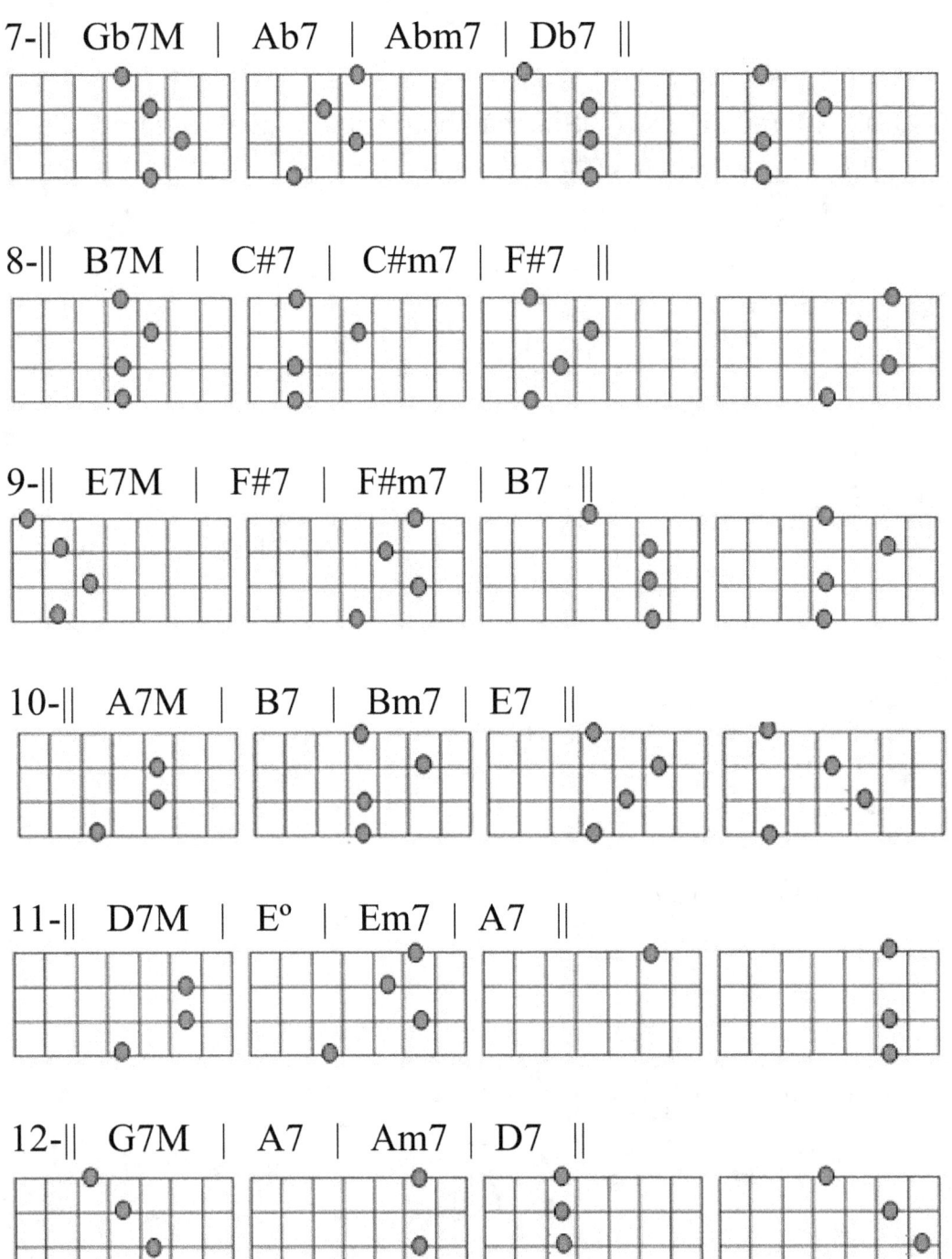

Sequências Nº - 6

Sequência apenas com acordes da tonalidade maior

1-|| C7M | Em7 | Dm7 | G7 ||

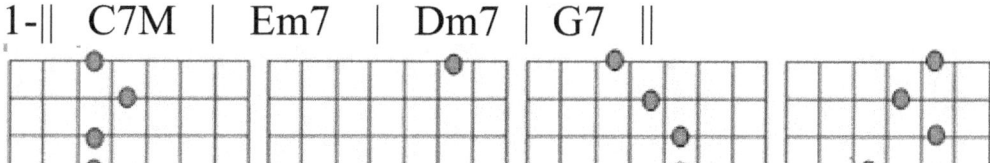

2-|| F7M | Am7 | Gm7 | C7 ||

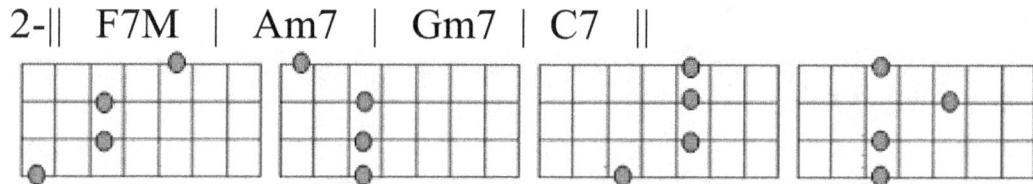

3-|| Bb7M | Dm7 | Cm7 | F7 ||

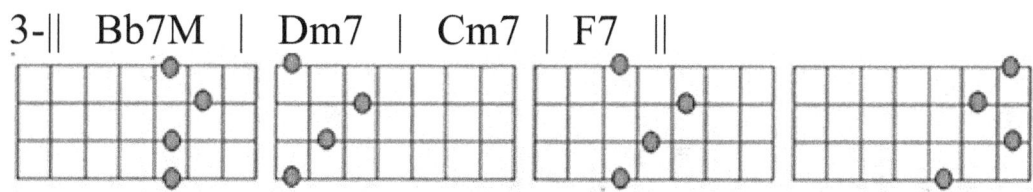

4-|| Eb7M | Gm7 | Fm7 | Bb7 ||

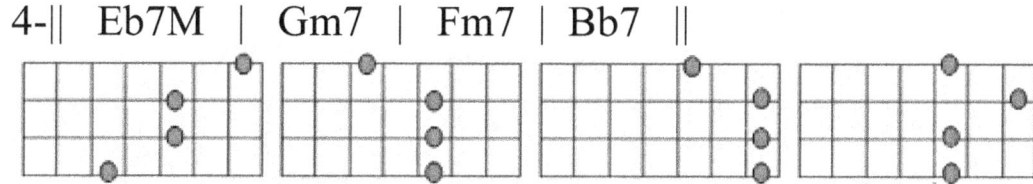

5-|| Ab7M | Cm7 | Bbm7 | Eb7 ||

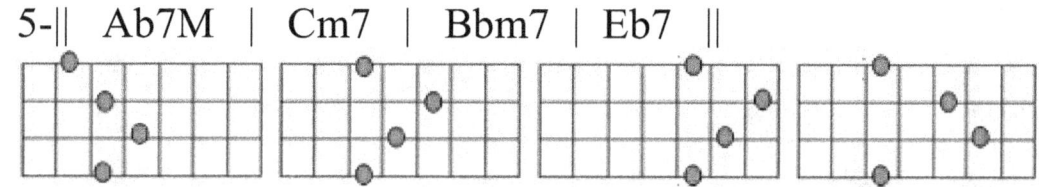

6-|| Db7M | Fm7 | Ebm7 | Ab7 ||

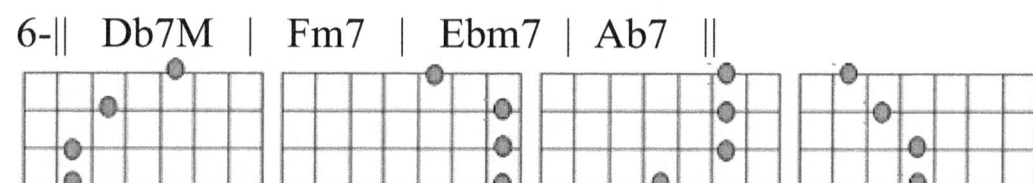

7-|| Gb7M | Bm7 | Abm7 | Db7 ||

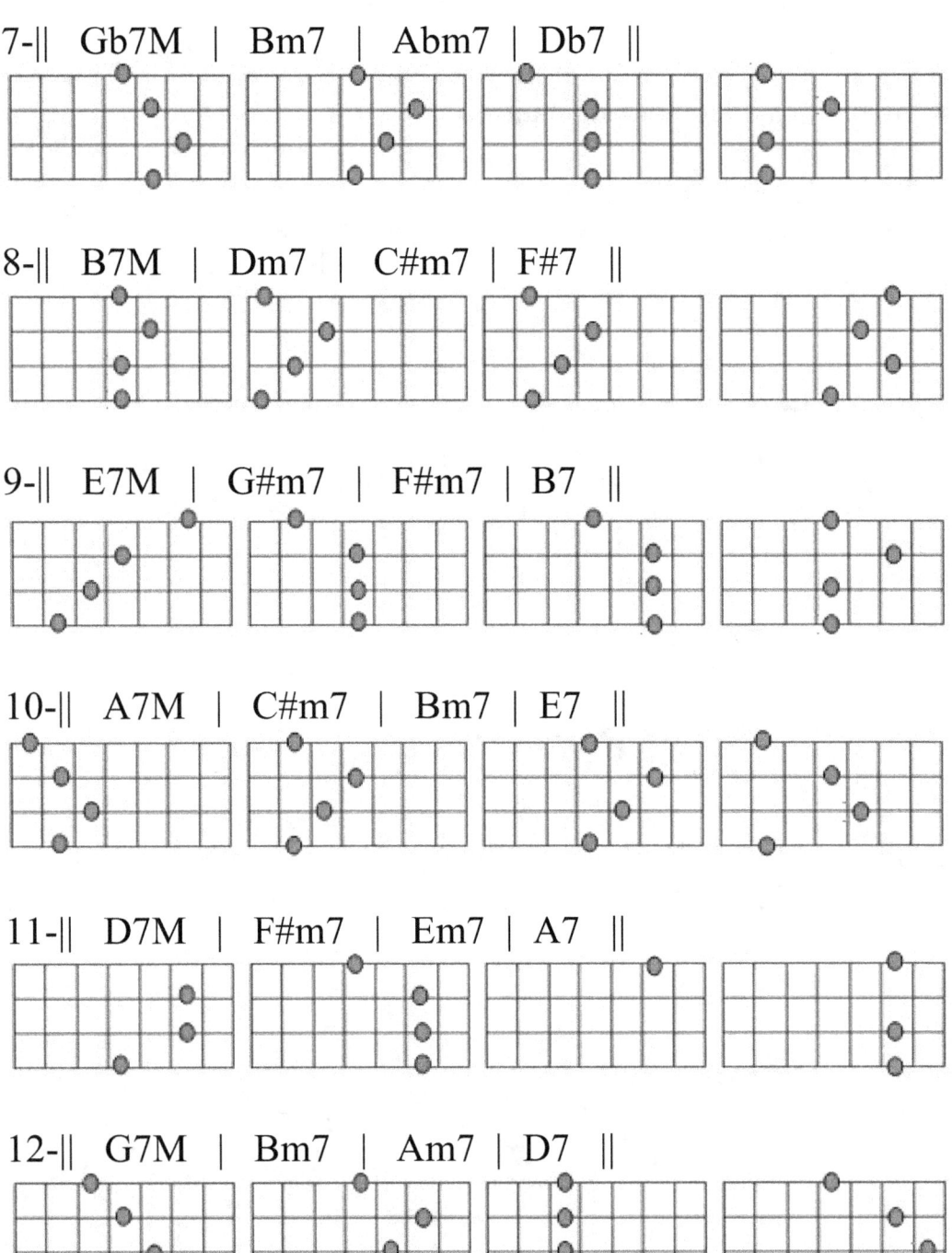

8-|| B7M | Dm7 | C#m7 | F#7 ||

9-|| E7M | G#m7 | F#m7 | B7 ||

10-|| A7M | C#m7 | Bm7 | E7 ||

11-|| D7M | F#m7 | Em7 | A7 ||

12-|| G7M | Bm7 | Am7 | D7 ||

A importância dos acordes:

I - IV - V – tom maior
i - iv - V – tom menor

Acordes I - IV - V, são os acordes principais das tonalidades maior e menor, ou seja, toda a harmonia gira em torno destes três acordes.

EX: DÓ MAIOR

I	IV	V
C	F	G

EX: DÓ MENOR

i	iv	V
Cm	Fm	G

GRAUS RELATIVOS

Graus relativos são os graus que podem substituir os acordes de: primeiro grau, quarto grau e quinto grau.

No tom maior os acordes relativos são menores e meio diminuto
No tom menor os acordes relativos são maiores, podem ser diminutos e meio diminutos

Para tons maiores

Graus	Graus relativos
I	vi ou iii
IV	ii
V	iii ou vii$^{\o}$

44

Para tons menores

Graus	Graus relativos
i	III
iv	VI
V	viidim ou vii^ø

Regras de como montar sequências harmônicas

Os exemplos a seguir estão na tonalidade de dóM.
É de suma importância a transposição para outras tonalidades (maiores e menores) a fim de tirar o máximo proveito do estudo.

1- Comece sempre com o primeiro grau (I)

2- O primeiro grau pode se dirigir para qualquer um dos outros seis graus.

    Ex:
    1-|| C7M | Dm7...
    2-|| C7M | Em7...
    3-|| C7M | F7M...
    4-|| C7M | G7...
    5-|| C7M | Bm7/5b...
    Etc...

3- O quinto grau (V) sempre resolve no primeiro grau (I)

    Ex:
    || C7M | F7M | G7 | C7M ||

4- O quarto grau (IV) sempre quer se dirigir para o quinto (V)

    Ex:
    || C7M | F7M | G7 | C7M ||

5- O segundo grau (ii) pode substituir o quarto grau (IV)

Ex:
|| C7M | F7M | G7 | C7M || sequência principal
|| C7M | Dm7 | G7 | C7M || sequência rearmonizada

6- O terceiro grau (iii) pode substituir o primeiro grau. Mas nunca no começo e nunca no final da música

Ex:
|| C7M | F7M | G7 | C7M || sequência principal
|| C7M | Dm7 | G7 | Em7 | vi .... sequência rearmonizada

7- O sexto grau (vi) pode substitui o primeiro grau. Mas nunca no começo e nunca no final da música

Ex:
|| C7M | F7M | G7 | C7M || sequência principal
|| C7M | Dm7 | G7 | Am7 | Dm7 | etc.... sequência rearmonizada

8- O sétimo grau (vii$^{\varnothing}$) pode substituir o quinto

Ex:
|| C7M | F7M | G7 | C7M || sequência principal
|| C7M | F7M | B$^{\varnothing}$ | C7M || sequência rearmonizada

10- Quando um único acorde preencher um compasso, podemos acrescentar (rearmonizar) outro acorde (dois ou mais acordes).
Nessa hora experimente rearmonizar com acordes relativos do acorde em questão.

Ex:
|| C7M | F7M | G7 | C7M || sequência principal
|| C7M | F7M Dm7 | G7 | C7M || sequência rearmonizada

11- A música popular moderna gira em torno de quartas descendentes. Decore o ciclo de quartas de todos os campos harmônicos

EX.

|| C7M | F7M | B⌀ | Em7 | Am7 | Dm7 | G7 | C ||

12- Numa música os acordes podem aparecer com cifragem básica

Ex:
|| C | F | Dm | G | C ||
    ou
Ex:
|| C7M | F7M/11# | Dm7/9 | G7/13 | C6 ||

Ou podem aparecer com cifragem sofisticada. Isso vai depender do grau de conhecimento harmônico de cada músico.

Dicas:
Comece explorando a cifragem básica e aos poucos vá
Experimentando e acrescentando outros intervalos aos acordes

Observação
Como toda regra, na música também elas podem ser quebradas. Não estranhe se em algum momento você se deparar com situações que não fazem parte destas citadas acima. O estudo profundo da harmonia vai muito além. É dominando as regras básicas que se pode atravessar barreiras.

Escalas maiores

Os números representam os dedos da mão esquerda e as casas
0 = casa zero
1 = dedo um casa um
2 = dedo dois casa dois
3 = dedo três casa três
4 = dedo quatro casa cinco

1-Comece tocando no número que está em vermelho, toque na direção das cordas finas (para baixo)
2-retorne tocando até a última nota da quarta corda (corda mais grossa)
3-finalize a escala na nota em que você começou

Escala de dó maior

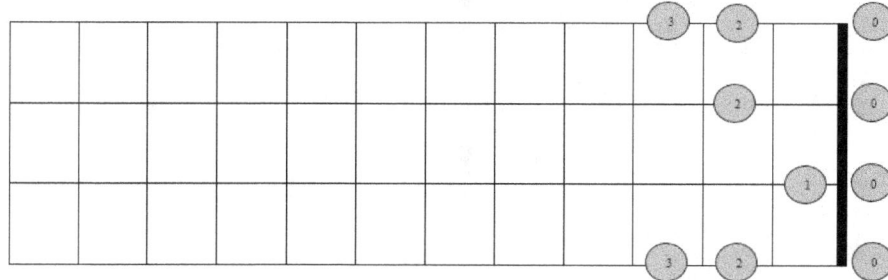

Escala de ré maior

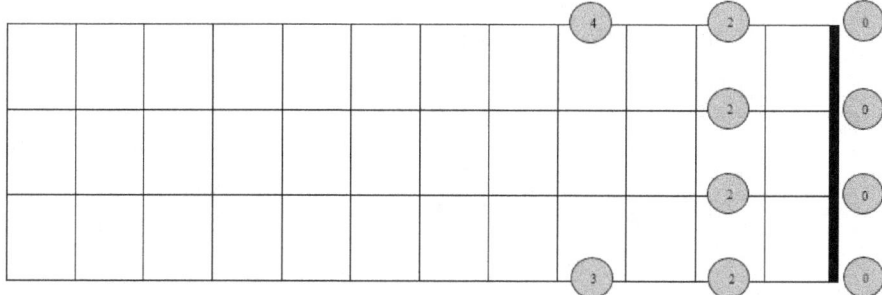

Escala de mi maior

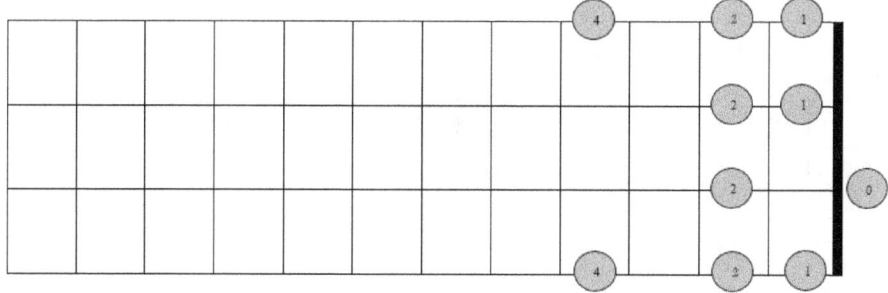

Escala de fá maior

Essa escala possui duas notas em vermelho indicando a nota fá

Comece tocando na corda nota mais grave número três em vermelho e finalize no mesmo, seguindo as regras descritas acima

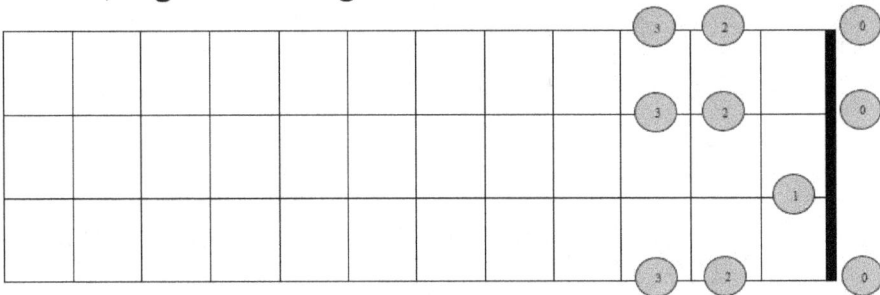

Escala de sol maior

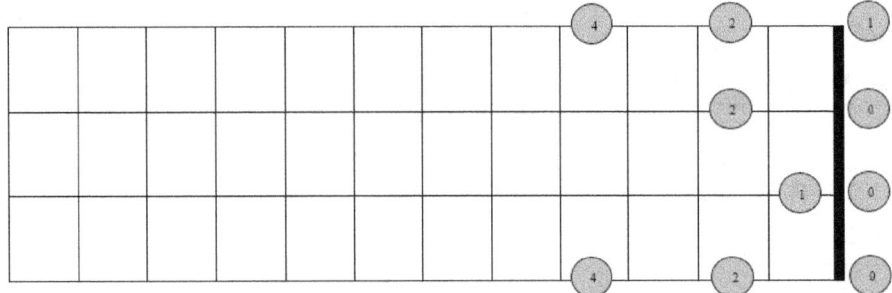

Escala de lá maior

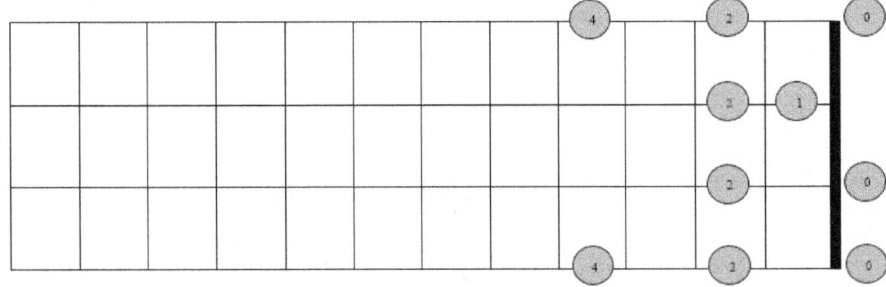

Escala de si maior

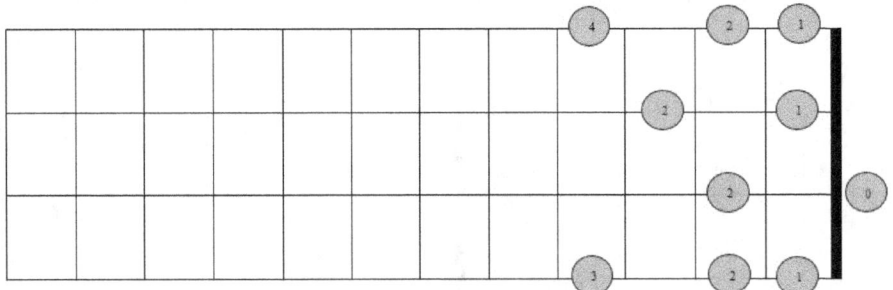

Escalas menores

escala de dó menor

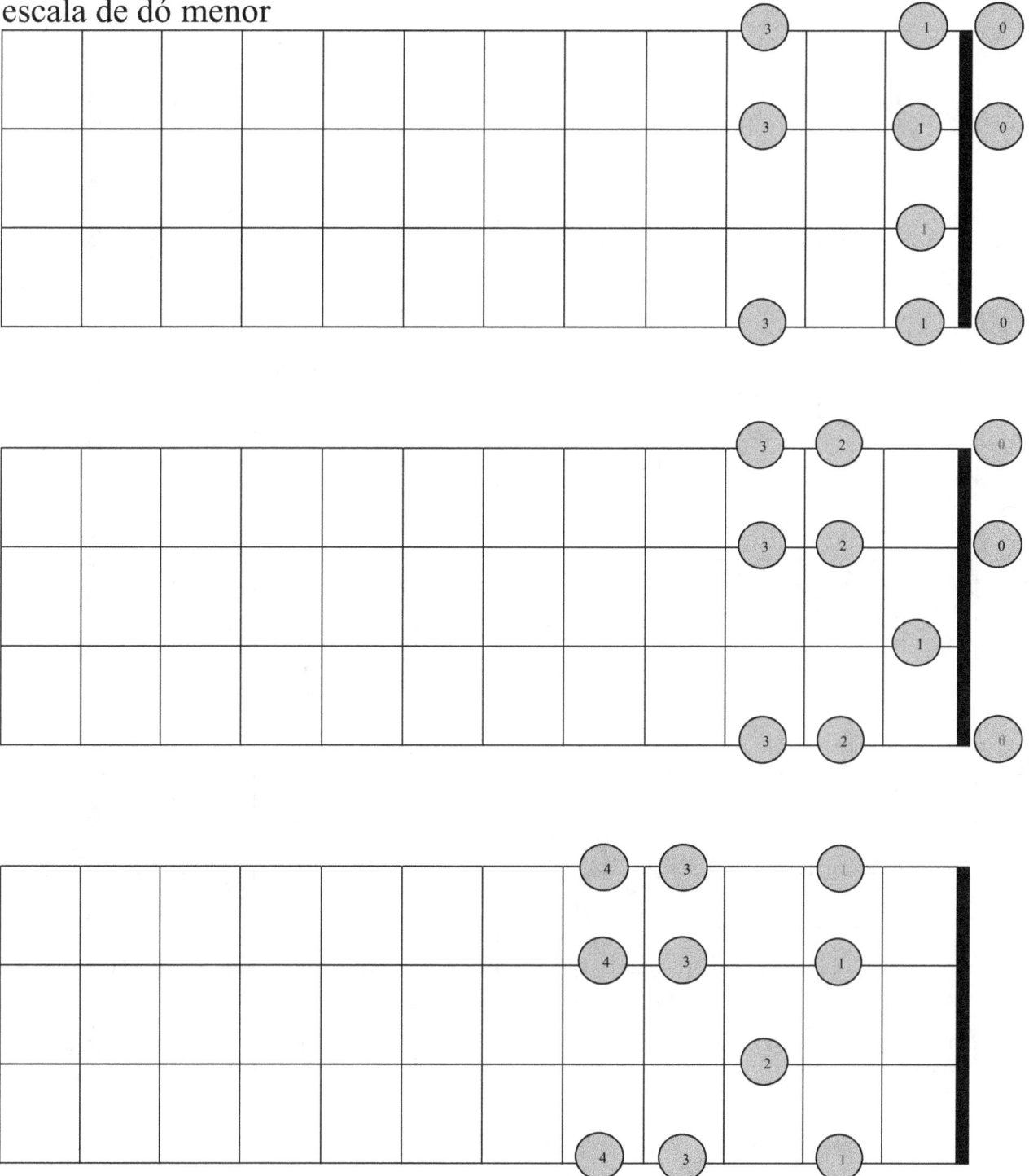

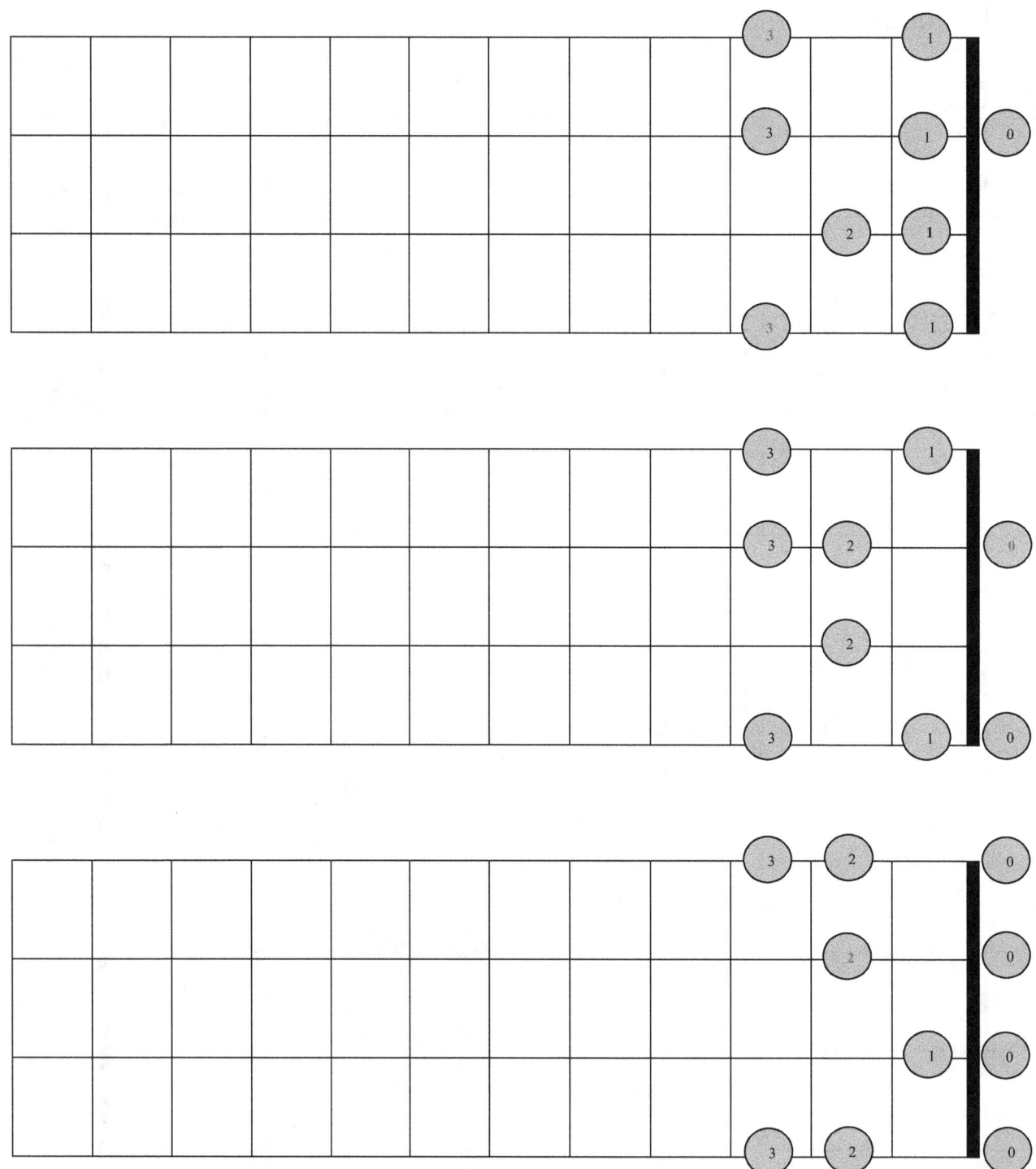

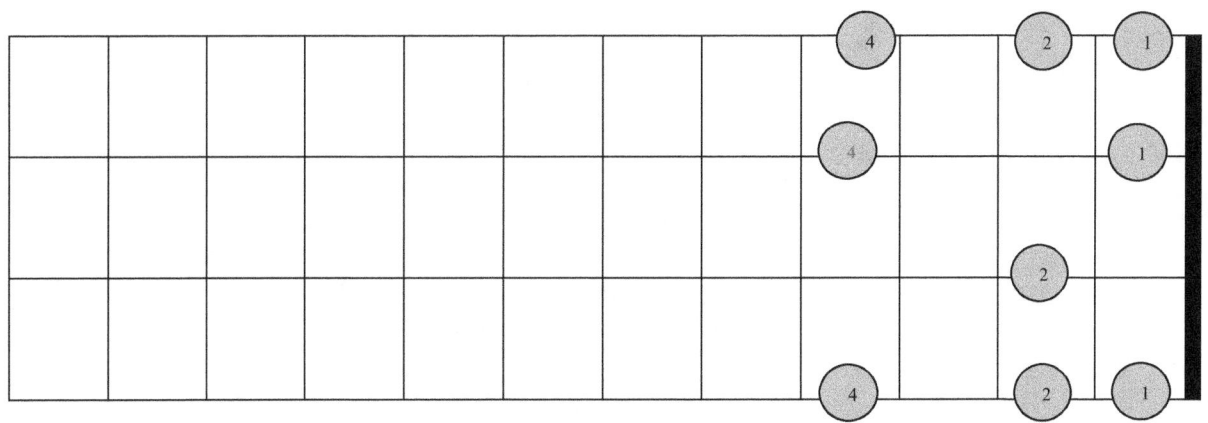

Nota em todas as casas no braço do cavaquinho

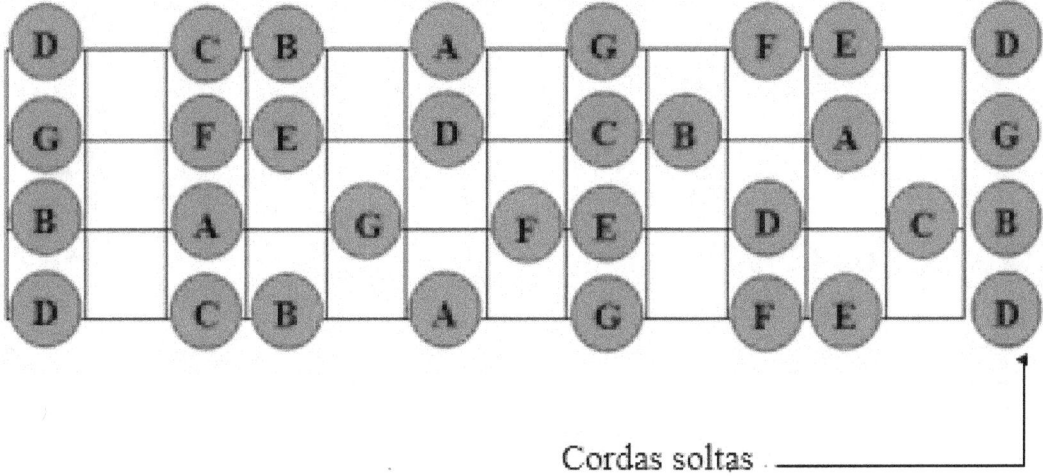

Cordas soltas